KB273992

비영리법인
회계시스템
구축 실무

비영리법인 회계시스템 구축 실무

발행일	2018년 5월 11일

지은이	박 태 수		
펴낸이	손 형 국		
펴낸곳	(주)북랩		
편집인	선일영	편집	권혁신, 오경진, 최승헌, 최예은, 김경무
디자인	이현수, 김민하, 한수희, 김윤주, 허지혜	제작	박기성, 황동현, 구성우, 정성배
마케팅	김회란, 박진관		
출판등록	2004. 12. 1(제2012-000051호)		
주소	서울시 금천구 가산디지털 1로 168, 우림라이온스밸리 B동 B113, 114호		
홈페이지	www.book.co.kr		
전화번호	(02)2026-5777	팩스	(02)2026-5747

ISBN   979-11-6299-092-6 13320 (종이책)   979-11-6299-093-3 15320 (전자책)

이 도서의 국립중앙도서관 출판예정도서목록(CIP)은 서지정보유통지원시스템 홈페이지(http://seoji.nl.go.kr)와 국가자료공동목록시스템(http://www.nl.go.kr/kolisnet)에서 이용하실 수 있습니다.
(CIP제어번호: CIP2018013806)

이 책을
김순희에게 드립니다.

범용 ERP를 이용한 시스템 구축과 운영을 중심으로

비영리법인 회계시스템 구축 실무

박 태 수 지음

북랩 book Lab

외부회계감사는 우리 사회의 유한한 자원의 효율적인 사용을 위해 재무제표에 대한 공정한 평가를 수행한다. 이러한 평가는 우리 사회의 모든 구성원에게 중요한 정보를 제공하며, 해당 조직의 재무적 측면 및 내부통제의 측면에서 회사의 체질을 강화시켜 준다.

스위스 국제경영개발대학원(International Institute for Management Development, IMD)이 최근 발표한 국제 경쟁력 평가에서 우리나라는 '회계 및 감사 적절성' 부문 하위를 기록했다. 평가 대상 61개국 가운데 중국이나 베네수엘라보다도 신뢰도가 더 떨어진다. 이러한 결과에 대하여 공인회계사의 한 사람으로서 자괴감을 느끼지 않을 수 없다.

자유수임제의 외부회계감사제도는 회계법인 간의 과당경쟁을 심각하게 유발하여 회계감사에 적정한 시간이 투입되는 것을 막았었다. 회계감사의 품질을 높이기 위해서는 충분한 시간을 투입할 수 있는 외부회계감사제도의 변화가 필요하며 아울러 회계사들의 회계감사 기법 개발에도 적극적인 모색과 탐구가 필요하다. 더구나 대중매체에 자주 등장하는 영리기업과 비영리 단체의 분식회계와 오류와 부정에 의한 사건, 사고가 자주 발생하는 요즘에는 더욱 그러하다. 한국공인회계사회는 "회계가 바로 서야 나라가 바로 선다."라는 각오로 우리나라의 회계 투명성 확보를 위하여 노력하고 있다. 이러한 시점에 새로이 개정된 외부회계감사 관련 법률은 한국의 회계 투명성 확보에 큰 기회가 될 것으로 예상한다.

『비영리법인 회계시스템 구축 실무』는 우리나라 비영리법인의 효율적인 회계시스템을 구축하는 데 일조할 것이다. 본서는 비영리법인의 회계시스템 구축을 위해 범용프로그램을 접목했으며 비영리법인의 회계와 세무 관련 협력 의무에 대해서도 잘 설명했다. 또한, 비영리법인의 효과적인 회계시스템 구축을 위해 예산제도의 도입과 월차결산의 실행 및 온라인 회계프로그램의 손쉬운 도입에도 많은 지면을 할애한 점이 뛰어나다고 할 수 있다.

저자가 지난 2014년의 『내부통제 평가와 적발감사 실무』에 이어 비영리법인의 회계시스템 구축에 대한 책을 저술함으로써 본 회계법인의 기본역량을 업그레이드해준 것에 대해 감사의 말씀을 드리며, 비영리법인 관계자뿐만 아니라 일반 독자에게도 일독을 권할 것을 감히 추천한다.

삼덕회계법인 대표이사 공인회계사 장 영 철
(한국공인회계사회 선출 부회장)

함께 바나나 껍질을 벗겨봅시다.

정조대왕은 일기를 썼습니다. 세손 시절부터 매일 일기를 쓰던 습관을 왕이 된 후에
도 계속 이어 갔습니다. 그 일기가 바로 '하루를 반성한 기록'이란 뜻의 『일성록(日省錄)』
입니다. '일성'은 『논어』 「학이」편의 '일일삼성(一日三省)'에서 따왔습니다. 세계 여러 나라
에서 보건사업을 하는 비영리기관을 운영하면서 직원들과 자주 자문합니다. "우리는 보
건사업을 하는 현지 주민들에게 마음의 중심을 다하여 충성스럽게(忠) 일하고 있는가?"

비영리기관은 정부로 대표되는 '관'과 기업으로 대표되는 '민간' 사이에서 일합니다.
때로는 관처럼, 때로는 민간처럼 일합니다. 글로벌케어(Globalcare)와 같은 국제보건
NGO(Non-Governmental Organization)의 경우는 현지에서 대한민국 정부를 대신하여 때
로는 우리 정부를 넘어 '세계 공무원'이 되어 일합니다. 그리고 기업은 이윤을 위해 물건
을 팔지만, 비영리기관은 이웃의 행복을 위해 '가치'를 팝니다. 이런 비영리기관이 요구
받는 것이 책무성입니다. 책무성에 해당하는 영어 단어는 'Accountability'입니다. 이것
은 우리가 하는 일에 관해 설명할(Account) 수 있는가를 묻습니다. 책무성 중에서도 중
요한 요소가 바로 회계의 책무성입니다.

비영리법인이 어떻게 일하는지는 회계를 보면 알 수 있습니다. 글로벌케어의 사업도
결국 회계에 다 녹아 있습니다. 다른 단체의 사업을 연구할 때도 회계를 보게 됩니다.
그러나 회계는 어렵습니다. 아니, 어렵다고 느껴집니다. 늘 남을 돕는 귀한 일일수록 더
욱 탁월하게, 정확하게, 투명하게 해야 한다고 다짐하지만, '회계' 앞에서는 작아집니다.

그러나 실망하지 마십시오. '좋은 소식'이 있습니다. 마땅히 해야 하는데 잘하지 못해

서 나중으로 넘겨놓은 숙제를 할 수 있도록 탁월한 과외 선생님이 나타났습니다. 지난 한 해 동안 글로벌케어의 회계감사를 탁월하게 해주신 박태수 회계사님이 과외 선생님으로 자청해서 그 숙제를 할 수 있도록 매뉴얼을 만들었습니다. 본서는 모든 '조직의 언어'인 회계에 관련된 시스템구축에 대해 설명하고 있습니다. 찬찬히 공부할 수 있을 뿐만 아니라 필요할 때마다 옆에 두고 찾아볼 수 있는 그야말로 핸드북입니다.

비영리법인에서 일하는 회계 담당자뿐 아니라 조직의 리더 그리고 모든 NGO Worker들이 이 책을 읽기를 바랍니다. 그래서 우리가 하는 귀한 일들이 함정에 빠지거나 비난받지 않고, 충분히 인정받고 격려받기를 간절히 바랍니다. 회계는 어렵지 않습니다. 다시 한 번 저자의 노고에 감사드리며, 비영리법인을 위한 지속적인 사랑을 부탁드립니다.

자! 우리 다 같이 바나나 껍질 벗기듯이 회계를 익힙시다.

글로벌케어 상임대표

백 은 성

지난번 『내부통제 평가와 적발감사 실무』를 출간하여 그동안 독자들의 꾸준한 성원에 힘입어 2017년 6월에 개정판을 출간하였다.

내부통제제도의 효율적인 구축과 효과적인 운영은 모든 기업과 조직의 간절한 희망사항이다. 그러나 효율적인 내부통제제도 구축과 운용은 대형 영리법인을 제외하고는 쉽지 않다. 왜냐하면, 내부통제제도 구축에는 큰 비용이 소요되고 관련 전문가들이 부족하기 때문이다. 더구나 비영리법인의 경우에는 그 어려움이 더하다고 할 수 있다.

당초 비영리법인의 내부통제제도에 대한 실무서를 집필할 예정이었다. 그러나 작금의 비영리법인의 열악한 회계환경과 비영리법인 회계시스템의 구조적 취약성은 저자로 하여금 비영리법인의 내부통제제도를 논의하기 전에 앞서 먼저 비영리법인 회계시스템의 구축과 이의 운용에 대한 설명을 먼저 할 필요성을 절감하게 하였다. 소규모의 비영리법인은 이러한 회계 관리 업무를 외주로 해결할 수도 있으나 각 조직의 고유한 특성과 직접관리 미비로 인한 관리손실로 말미암아 외주로 처리하는 데는 한계가 있을 수밖에 없다. 따라서 비영리법인이 일정 규모가 되면 자체 회계시스템을 갖추는 것은 피할 수 없다.

▶ 회계시스템의 구축은 어렵지 않다

비영리법인의 회계시스템은 적합한 회계프로그램의 선택, 해당 비영리법인의 업무분석에 따른 회계구조의 선택, 그리고 이를 운용할 수 있는 인적구성으로 구축된다. 적합한 회계프로그램의 선택 기준은 비영리법인의 모든 회계 거래를 잘 반영하면서 사용하기에 편리하고 구축비용이 경제적이어야 한다.

두 번째로 회계구조의 선택은 비영리법인마다 고유의 특성이 있기 때문에 업무분석에 따른 회계구조의 설계가 필요하다. 특히 공익법인은 2018년도부터는 기획재정부의 '공익법인 회계기준'에 따라 복식부기 회계로 전환하여야 한다. 그리고 조직에 따라 단순히 하나의 회계 단위부터 전국적인 분사무소나 지점의 특성을 반영하여야 하고 때에 따라서는 해외조직까지도 고려하여야 한다. 또한, 대부분의 비영리법인이 정부 회계의 관·항·목·세목의 구조 속에 자신들의 회계구조를 설계하려고 시도하다가 많은 어려움을 초래하는데 이는 잘못된 관행이므로 일부 예외적인 정부 위탁사업의 경우를 제외하고는 바꾸어야 한다. 회계구조를 설계함에 있어서 2017년 한국회계기준원에서 발표된 '비영리조직의 회계기준'과 기획재정부의 '공익법인 회계기준'을 참고로 회계구조를 설계하면 충분하다.

마지막으로 회계시스템을 운용할 수 있는 인력은 가장 어려운 문제인데 이는 교육을 통하여 해결할 수 있다. 물론 어느 정도의 시간과 노력이 필요할 것이다. 그러나 모든 조직의 결과는 마지막 회계 수치로 계산되며, 이러한 결과 수치는 외부의 정부 기관이나 후원자들 그리고 일반 국민들을 위해서 꼭 필요하다. 그리고 미래의 계획을 세우기 위해서도 회계자료는 정확하고 적시에 만들어져야 하기 때문에 유능한 인력 양성에 최소의 노력은 필요하다.

비영리법인은 영리를 목적으로 하지 않고 이 사회에서 정부나 공공기관이 하지 못하는 틈새 선행을 주목적으로 한다. 많은 비영리법인이 선한 좋은 일을 하고도 명확하지 않은 회계(돈) 문제 때문에 구설수에 시달리는 경우를 목격한다. 안타까운 일이 아닐 수 없다. 비영리법인의 관련 회계기준 충족과 투명한 회계처리 및 업무 효율을 높이기 위해서라도 적합한 회계시스템의 구축은 더 이상 미룰 수 없는 숙제이다.

▶ 본서의 구성 체계

책의 구성은 회계에 대한 일반적인 이해로 제1장에서는 회계의 의의와 회계프로세스에 대해 거래가 분개를 통하여 어떻게 체계적으로 회계장부가 만들어지는지 설명하였다. 본 장은 저자의 졸저 『내부통제 평가와 적발감사 실무』에서 인용하였다. 제2장에서는 비영리법인 회계의 특수성인 고유목적사업과 복식부기 등에 관해 설명하였다. 제3장에서는 비영리법인의 정부에 대한 세무 협력 관련 사항에 대하여 설명하였다. 국세청에 대한 의무규정이 제대로 수행되지 않을 때는 적지 않은 가산세를 부담하게 된다. 제

4장에서는 우수한 회계시스템의 유용성과 주요 회계 사이클에 대하여 설명하였다. 제
5장에서는 비영리법인의 회계시스템 구축 실무에 대하여 실제 회계프로그램을 중심으
로 회계프로그램의 선택, 기초자료의 등록, 회계구조의 설계 등에 대하여 설명하였다.
제6장에서는 실무자들이 빈번하게 수행하는 전형적인 계정과목에 대한 분개 사례를
소개하여 실질적인 도움을 주고자 하였다. 그리고 붙임으로 한국회계기준원의 '비영리
조직 회계기준'과 기획재정부의 '공익법인 회계기준'을 수록하였다.

비영리법인은 정부나 공공기관에서 못 하는 일들을 훌륭하게 수행하여 많은 사람에
게 큰 도움을 주고 있다. 비영리법인이 수행했던 과거의 업적은 뛰어났으며 미래에의 기
대 역시 매우 크다고 할 수 있다. 대다수의 비영리법인은 그 관리 면에서도 다른 조직
의 모범이 되고 있지만, 일부 단체의 경우에는 불분명한 자금관리나 일부 오류부정 문
제의 발생으로 사회적 비난의 표적이 되기도 한다. 그리고 그 문제의 중심에는 대부분
의 경우 명확하지 않은 회계시스템의 문제가 포함되어 있다. 비영리법인이 그 고유한 목
적 사업을 효율적으로 달성하고, 많은 비영리법인이 간과할 수 있는 내부 관리상 문제
점을 다소나마 해결하고자 『비영리법인 회계시스템 구축 실무』를 집필하였는바, 국내
비영리법인의 효율적인 운영에 조금이라도 기여할 수 있기를 기대해 본다.

2018년 4월 견지동에서
박 태 수

제1장 회계와 회계프로세스_021

회계와 회계프로세스

1. 회계의 이해[1]

회계는 영리법인이나 비영리법인을 불구하고 법인의 언어로, 법인의 재무상태와 조직의 성과를 측정하는 도구다. 한 조직의 재무구조가 건실하고 수익성이 좋은가의 기준은 그 조직이 제시하는 공정한 회계자료에 의하여 판단된다. 모든 비영리조직의 경우에도 똑같이 법인의 발전 가능성을 판단하는 데 있어 공정한 회계자료만큼 유용한 판단 기준을 제공하는 도구는 없다.

과거 단식부기로부터 현대의 복식부기로 진화하면서 회계는 자기검증의 기능까지 갖추며 발전해오고 있다. 오늘날 회계라고 하면 복식부기에 의한 회계를 말한다. 독일의 유명한 철학자 괴테는 "복식부기만큼 오묘한 것은 없다."고 했을 정도로 회계제도를 높이 평가하였다고 전해진다. 이처럼 회계제도는 (비)영리법인 활동을 측정하는 중요한 도구이며, 오늘날에는 전 세계적으로 통일적인 회계제도를 갖추기 위해 IFRS(International Financial Reporting Standard, 국제회계기준)를 실행하고 있거나 도입이 진행되고 있으며, 우리나라를 포함한 많은 선진국과 개발도상국에서도 받아들여지고 있다.

이처럼 회계제도는 글로벌 경제시대에 맞추어 세계의 모든 나라가 이해가 가능하게 표준화되고 있으며, 이를 통하여 세계 어느 곳의 기업이든지 그 실적을 이해하고 기업 간의 비교나 평가를 용이하게 하는 방향으로 발전해가고 있다. 비영리법인의 경우 아직도 단식부기를 쓰는 기관이 있지만, 조만간 모두 복식부기로 전환될 전망이다.

---

1 졸저 『내부통제 평가와 적발 감사 실무』에서 수정 인용함.

1) 모든 측정은 회계로

영리조직이든 비영리조직이든 그 종류와 규모를 막론하고 조직의 성과는 회계적 수치로 표시된다. 동종 업종에 속한 기업 간의 성과 차이뿐만 아니라 동일한 기업의 어떤 부서, 어떤 직원이 수행하는 업무가 무엇이든지 간에 그 결과는 회계적 수치로 요약될 수 있다. 예를 들어 마케팅부서의 마케팅 팀별 성과는 회계적 수치로 귀결된다. 즉, A팀의 이익은 얼마이고, B팀의 이익은 얼마로 표시된다.

이렇듯 조직의 모든 궁극적인 성과는 회계로 표시된다. 어떤 조직의 성적표는 매년 말에 작성되는 재무제표에 의해 판가름 난다. 재무제표로 표시되는 성과에 따라 경영자와 근로자의 성과급이 결정된다. 비영리조직에서도 해당 비영리조직의 고유목적 달성의 정도를 판단하기 위해서는 해당 조직이 모금한 수치나 해당 목적을 위해 지출한 금액으로 측정된다.

물론 회계 수치 이외의 것으로도 조직의 성과를 측정할 수는 있다. 예를 들어 공공기관의 경우에는 그 고유목적이 이익 창출이 아니기 때문에 이익으로 그 조직의 성과를 측정할 수는 없다. 그러나 공공기관의 경우에도 원가의 효율적인 집행에 대하여 많은 주의를 기울이고 있다. 특히 인건비의 효율적인 관리를 위하여 많은 노력을 경주하고 있는바, 이 경우에도 공정한 회계자료의 중요성은 매우 크다. 마찬가지로 비영리법인의 경우에도 기부금 모집 성과나 고유 목적사업의 성과를 평가하는 데는 회계자료가 꼭 필요하다.

2) 회계는 고급정보

기업이나 조직의 모든 성과는 회계로 귀결되기 때문에 회계 수치는 기업의 정보 중에서도 고급 정보에 해당한다. 오늘날에는 대부분 기업의 회계 수치를 인터넷을 통한 전자공시 등을 통하여 너무도 쉽게 접할 수 있다. 회계 정보가 전문성이나 이해 가능성의 난해함 등의 여러 가지 이유로 그 가치에 비하여 저평가되고 있지만, 회계는 많은 정보를 내포하고 있기 때문에 그 가치는 평가절하될 수 없다.

다만 그 가치를 알아보는 사람만이 회계 정보로부터 유용한 가치를 찾을 수 있다. 음악을 듣거나 그림을 감상할 때 아는 만큼 보이고, 아는 만큼 들린다고 하듯이 회계 역시 아는 만큼 보인다고 할 수 있다. 영리법인이나 비영리법인을 불문하고 경영자는 회계에 대하여 잘 알아야 한다. 그렇지 못할 경우 조직이 성공하기 어렵고, 심한 경우에는 경영의 판단 실수나 구성원의 오류와 부정에 의해 쇠퇴의 길로 떨어질 수 있다. 조직의 구성원은 모두 회계를 알아야 하며 고급 임원으로 승진할수록 회계를 더 잘 알아야 한다. 왜냐하면, 회계는 조직 경영에 핵심적인 많은 정보를 갖고 있기 때문이다.

오늘날 빅 데이터(Big data)[2]에 대한 관심이 커지고 있다. 빅 데이터 기술이란 기존 데이터베이스 관리 도구로 데이터를 수집, 저장, 관리, 분석할 수 있는 역량을 넘어서는 대량의 정형 또는 비정형 데이터 집합 및 이러한 데이터로부터 가치를 추출하고 결과를 분석하는 기술을 의미한다.

다양한 종류의 대규모 데이터에 대한 생성, 수집, 분석, 표현을 그 특징으로 하는 빅 데이터 기술의 발전은 다변화된 현대사회를 더욱 정확하게 예측하여 효율적으로 작동케 하고, 개인화된 현대사회 구성원마다 맞춤형 정보를 제공, 관리, 분석 가능케 하며 과거에는 불가능했던 기술을 실현시키기도 한다.

이같이 빅 데이터는 정치, 사회, 경제, 문화, 과학기술 등 전 영역에 걸쳐 사회와 인류에게 가치 있는 정보를 제공할 가능성을 제시하면서 그 중요성이 부각되고 있다. 이러한 빅 데이터와 회계자료의 결합은 컴퓨터와 인터넷에 의한 3차 산업혁명을 지나 4차

2　빅 데이터(Big data): 생성 양, 주기, 형식 등이 기존 데이터에 비해 너무 크기 때문에 종래의 방법으로는 수집, 저장, 검색, 분석이 어려운 방대한 데이터를 말한다. 빅 데이터는 각종 센서와 인터넷의 발달로 데이터가 늘어나면서 나타났다. 컴퓨터 및 처리기술이 발달함에 따라 디지털 환경에서 생성되는 빅 데이터와 이 데이터를 기반으로 분석할 경우 질병이나 사회현상의 변화에 관한 새로운 시각이나 법칙을 발견할 가능성이 커졌다. 일부 학자들은 빅 데이터를 통해 인류가 유사 이래 처음으로 인간 행동을 미리 예측할 수 있는 세상이 열리고 있다고 주장하기도 한다. 이를 주장하는 대표적인 학자로는 토머스 멀론(Thomas Malone) 미국 매사추세츠공과대학 집합지능연구소장이 있다.

빅 데이터는 초대용량의 데이터의 양(Volume), 다양한 형태(Variety), 빠른 생성 속도(Velocity)라는 뜻에서 '3V'라고도 불리며, 여기에 네 번째 특징으로 가치(Value)를 더해 '4V'라고 정의하기도 한다. 빅 데이터에서 가치가 주요 특징으로 등장한 것은 엄청난 규모뿐만 아니라 빅 데이터 대부분은 비정형적인 텍스트와 이미지 등으로 이루어져 있고, 이러한 데이터들은 시간이 지나면서 매우 빠르게 전파하며 변함에 따라 그 전체를 파악하고 일정한 패턴을 발견하기가 어렵게 되면서 가치 창출의 중요성이 강조되었기 때문이다.

산업혁명[3]의 시기로 가는 미래에 또 다른 부가가치를 창출할 것이다.

3) 회계는 조직의 관리 수단

새로운 신사업을 위한 투자계획을 세울 경우 관련 신사업의 수익성과 경제성을 판단하기 위해서는 관련 회계자료에 대한 수집과 손익에 대한 추정이 선행된다. 제품 계획을 위하여 생산하고 있는 제품 A, B, C와 신제품 D, E가 있을 경우 어떤 것을 계속 생산하고 신제품 중 어떤 것을 새로이 제조할 것인가를 판단하기 위해서는 관련 손익에 대한 회계자료가 필수적이다.

서비스의 경우도 마찬가지다. 용역서비스 상품이 여러 유형이 있고 신상품을 개발하려고 할 경우에도 관련 회계자료는 꼭 필요하다. 이처럼 기업의 신사업 투자 결정이나 신상품 전략의 의사결정을 할 때 관련 회계자료는 그러한 판단의 중요한 근거가 된다. 중간관리자를 포함한 최고경영자는 회계 수치가 의미하는 바와 회계 수치들의 추세를 정확하게 파악하고 있어야 한다. 잘못된 회계 정보는 기업 발전에 중대한 저해 요인이 된다.

요즘 도입되고 있는 경영결과의 공유시스템(OBM, Open Book Management)에 의한 경영과 가치중심경영(VBM, Value Based Management)에서도 회계자료는 매우 중요하다. 오픈북 경영(OBM)은 예산과 손익계산서, 대차대조표 등의 재무정보를 비롯한 각종 경영정보를 조직구성원에게 모두 공개함으로써 조직구성원이 더욱 능동적이고 창조적으로 업무를 수행하도록 유도하는 경영기법이다.

경영자와 소수의 관리자만이 기업이 어떻게 운영되는지를 알고 대부분의 조직구성원은 경영에 대한 이해 없이 명령과 통제에 따라 수동적으로 자신의 업무를 수행하는 종전의 방식으로는 치열한 경쟁과 급속하게 변하는 시장 상황에서 지속적 성장에 필요한

---

3 4차 산업혁명: "소프트파워를 통한 지능형 제품과 공장의 탄생으로 제품과 기계가 지능을 갖게 된다. 한 예로 제너럴 일렉트릭이 자사가 제조하는 비행기 엔진에 수백 개의 센서를 부착하여 엔진의 결함을 예방하는 사업으로 비용을 획기적으로 줄임. 이는 엔진이라는 제품에서 수많은 소프트 정보를 결합하는 새로운 부가가치 창출이다." 『명견만리 - 윤리, 기술, 중국, 교육편』, pp. 138~146, KBS <명견만리> 제작팀 지음, 인플루엔셜, 2016.

경영혁신을 꾀할 수 없다는 인식에 따라 오픈북 경영이 대두되었다.

오픈북 경영은 조직이 어떤 과정을 거쳐 이익을 창출하고 조직구성원의 업무가 조직의 이익창출에 어떻게 기여하는지, 또 조직의 재무상황은 어떠한지를 구성원 모두가 이해함으로써 구성원 스스로 작업상의 문제해결, 생산성과 효율성 향상, 비용 절감, 소비자 만족을 위한 방안 마련에 적극적으로 동참하고 창조성을 발휘할 수 있는 계기를 마련하기 위해 시도된다. 조직의 입장에서는 단순한 위기관리가 아닌 지속적 성장에 필요한 경영혁신을 꾀하려는 목적으로 활용된다.

OBM이 제대로 수행되기 위해서는 구성원 모두가 기업의 운영현황에 관련된 정보를 쉽게 접하고, 정확히 이해할 수 있도록 교육하여 조직의 전략과 일치된 방향으로 자신의 업무를 연계하고 스스로 응용할 수 있게 해야 한다. 또, 구성원 모두에게 실질적인 권한을 부여하여 주인의식을 갖게 하고, 조직의 성공에 대한 보상이 구성원 모두에게 돌아갈 수 있는 공정하고 실질적인 보상 시스템을 구축하여 지속적인 동기부여가 가능하도록 해야 한다.

OBM과 달리 가치중심경영(VBM)은 기업경영의 최우선순위를 가치창출에 두는 것을 뜻한다. 경영의 초점을 매출액 증대나 시장점유율 확대, 단순한 적정이익 확보에 두는 것이 아니라 중·장기적 가치에 초점을 두는 것이다. 가치중심경영은 특히 진정한 이익이라고 할 수 있는 '현금흐름(Cash flow)'을 장기적으로 최대화하는 것을 목표로 한다. 이를 위해서는 미래의 현금흐름 예상치를 현재의 가치로 계산해 경영관리지표로 만들어야 하는 만큼 가치경영은 기업의 성과측정과 의사결정과정을 명확히 하는 효과를 가져다주기도 한다.

요컨대 기업경영의 근본으로 돌아가 외형적 성장이나 장부상의 이익이 아니라 실질적 이익이 나도록 경영을 혁신시킨다는 것이 가치중심경영의 기본개념이다. 이렇듯 오픈북 경영과 가치중심경영에서도 회계는 매우 중요한 관리 언어임이 틀림없다. 이는 비영리법인에도 동일하게 적용될 수 있다. 각 구성원에 대한 동기부여 측면에서 활동결과의 공유시스템과 가치중심경영을 도입하여 내부 커뮤니케이션을 활성화하여 비영리조직의 성과를 높일 수 있다.

4) 회계의 역사

회계의 초점은 시대에 따라 크게 변화하여 왔다. 아주 먼 옛날로는 이집트의 파라오 때까지 거슬러 올라갈 수 있으며, 농경사회를 거쳐 산업사회 그리고 정보화 사회를 겪으며 발전하여 왔다. 이를 회계적인 측면에서 간단히 분류한다면 중세까지의 회계와 근대의 회계 그리고 현대의 회계로 크게 세 가지로 분류할 수 있을 것이다.

(1) 중세(中世)까지의 회계

고대 이집트에서는 왕실 재정조직이 강하여 각 지방의 창고에는 물품으로 지방공세가 수납되었으며, 그중에서 부패성이 적은 물품은 중앙의 국고로 이송되었다. 이들 제국에서는 기록에 의하여 결속되어 있었으므로 기록관들은 '국고 및 기타 부문 등의 전 기구가 원활히 기능하기 위한 중심적 존재'였다. 각 창고에 소속된 기록관들은 물품의 수납 및 사용에 관한 모든 사항을 세심한 주의를 가지고 기록하였다.

문서에 의한 명령서 없이는 누구에게도 국고로부터 지급되는 일이 없었다. 또한, 어떤 한 관리의 기록이 다른 관리의 기록과 일치되도록 요구함으로써 정밀한 내부통제조직에 의한 안전성을 더욱 보강하였다. 그리고 기록관의 제 결정은 창고의 감독관에 의하여 감사되었고, 큰 부정행위가 있을 때는 수족을 절단하거나 사형에 처하였으므로 무엇보다 정확성이 중시되었다.[4]

이것은 오늘날의 업무분장과 같은 개념으로, 내부통제의 효시라고 할 수 있다. 또한, 이집트의 파라오는 세금을 거두는 세리들의 횡포를 견제하기 위한 특별 조사제도를 두고 있었는데, 조사원들은 농부들의 불평을 듣고 세리가 잘못한 점이 있는지를 조사하는 임무를 맡았으며 그에 대한 처벌이 엄중하였다.[5] 로마에서는 비용지출에 대한 승인이 이중으로 검증되었다고 한다. 이 또한 내부통제의 한 형태이다. 사실상, 고대부터 근대 이전까지는 부정의 적발 및 예방이 세금을 담당하는 관리들의 주된 임무였다. 고대

---

4 『회계사상사』, pp.7-8, 마이클 체트필드 지음, 이정호 역, 경문사, 1985.
5 『세금이야기』, p.18, 전태영 지음, 생각의 나무, 2005.

이집트의 파라오 시대로부터 1900년대 초기까지, 감사인(Auditor)의 임무는 부정적발과 예방에 있었다.

원시 회계 기록이 고대에도 있었다. 인류가 회계기록을 행한 사실은 이집트, 고대 바빌로니아, 그리스, 로마 등에서 찾을 수 있다. 고대 바빌로니아에서는 노예, 우마, 토지, 금전 등의 매매 내지 대여 기록 등이 있었다. 고대 이집트에서는 기원전 3000년경부터 왕실의 재정을 상세하게 기록하였다. 이때의 기록관은 매우 높은 관직으로 대우받았으며, 세입 세출에 관한 국고를 기록하였다. 또한 기원전 6세기경의 로마에서는 원로원 밑에 재무관을 두어 5년마다 센서스(Census)가 실시되었다. 센서스는 과세부담의 형평성을 기하기 위하여 토지, 동산, 채권이 조사 대상이 되었다. 이를 기록하기 위해 회계기록이 필요했고, 현금수지표 등이 작성되었다.

현대 회계의 뿌리인 복식부기는 지중해 무역의 융성과 더불어 이탈리아에서 발달하였으며, 계정과목이나 대차기입의 방법은 문예 부흥의 중심지였던 피렌체, 제노아, 베네치아 등의 도시국가에서 발달하였다. 이탈리아 상인들이 지중해의 상권을 독점하게 된 원인은 그들의 영업제도와 조직이 우수했기 때문이다. 그들은 복식부기와 환어음제도를 창조하였고, 해상보험제도를 창설하였다.

세계 최초로 복식부기의 원리를 설명한 해설서[6]는 1494년에 출판된 베네치아의 파치올리의 『산술, 기하, 비례 및 비율요론』이다. 이 책은 당시 베네치아에서 행해지고 있던 복식부기법을 집대성하고 체계화하여 일반에게 소개한 최초의 저서였다. 파치올리가 설명한 복식부기의 구조에서 상업장부로는 일기장, 분개장 및 원장의 3종이 있었다. 파치올리는 사업 성공의 조건으로 상인은 자기 사업의 전부를 정확히 알아야 하며, 한눈에(At a glance) 알아야 하며, 모든 것을 한눈에 알려면 베니스 부기, 즉 복식부기를 알고 실천해야 한다고 설명하였다.[7]

---

6 세계 최초의 복식부기회계에 대해서는 이견이 있으며, 우리나라의 '사개송도치부법'이 복식부기 회계라는 주장의 저서로 『사개송도치부법의 발자취』(조익순·정석우 공저, 박영사, 2006.)가 있으며 '사개송도치부법'이 세계 최초 복식부기회계이며 이것이 파치올리의 복식부기회계에 영향을 주었다는 저서로 『사개송도치부법 정해』(현병주 지음, 이원로 번역 및 해설, 다산북스, 2011.)가 있다.

7 『1494 베니스 회계』, p.24, 루카 파치올리 지음, 이원로 번역 및 해설, 다산북스, 2011.

　이탈리아인은 항상 회계에 대하여 관심이 있었으며, 더 나은 실무를 표준화하고 법전화하려는 그들의 성향이 복식부기 발달의 중요한 요인이 되었다. 일찍이 11세기에 제노아의 해상법은 기록관이 선적상품의 명세를 제출할 것을 요구하였다. 밀라노의 회계사는 토지 과세대장을 작성하여 밀라노 대사원 건설에 관한 회계장부를 재검토하였다. 또 피렌체에 있는 은행업자 길드의 가맹자는 회계장부를 기록하고 당해 길드의 대리인에 의한 불시감사를 받는 일이 의무화되어 있었다. 제노아의 은행부기 담당자는 반드시 공증인이어야 했으며, 그들의 기록은 날인증서와 동일한 공식적인 지위를 인정받았다. 최초의 회계사단체가 1582년에 베니스에서 설립되어 사실상 모든 실무를 독점하고, 그 지원자에게는 6년간의 실무수습 기간과 면접시험을 과하고 있었다.

　13세기의 이탈리아에는 리틀톤(Littleton)이 제시한 체계적인 부기가 형성되기 위한 일곱 가지 '선행조건'이 명확하게 구비되어 있었다. 이탈리아의 상인계급에게 읽고 쓰는 능력이 널리 보급되었고, 종이의 발명에 의하여 기록하는 일이 촉진되었다. 아라비아 숫자는 피사의 레오나르도에 의하여 해설된(1202년) 후, 이탈리아 상인에 의하여 널리 사용됨으로써 이탈리아인은 북아프리카와의 교역을 통하여 아라비아 숫자를 습득한 최초의 유럽인이 되었다.

　세련된 화폐경제와 로마 시대 이후 가장 안정된 화폐제도가 나타나게 됨에 따라서 복식부기의 필수조건인 공통계산 단위로 모든 거래를 환산할 수 있게 되었다. 또 재산권은 고대사회와 비교하여 훨씬 많은 국민에게 확대되어 있었다. 상업에서 축적된 자본은 재투자되었다. 화폐의 부족은 중세에 만성적인 문제였기 때문에 외국인은 화폐를 사용하지 않고도 사업을 하는 이탈리아인의 능력에 경탄하였다.

　그러나 신용거래의 광범위한 이용은 채권, 채무액의 문서기록을 필요로 하게 되었다. 미결제잔액을 청산하기 위하여 동일한 사람에 관한 전 항목을 집계하여야 할 필요성이 대차의 좌우대조적인 계정형식을 발생시키게 하는 최초의 동기가 되었을 것이다.[8]

---

8 『회계사상사』, pp.45-46, 마이클 체트필드 지음, 이정호 역, 경문사, 1985.

(2) 근대(近代)의 회계

19세기 초부터 20세기 후반까지 미국 등 선진국의 자본시장이 발전하기 시작하면서 발생주의 회계의 적용이 일반화되었으며, 재무보고가 회계전문직에게 최우선순위의 관심사가 되었다. 과거 '출생에서 폐기까지' 각 거래의 시작에서 종료에 이르기까지 처음부터 끝까지 증빙서류와 장부를 대조하는 Vouching 기법[9]의 적용은 많은 부정을 예방·적발할 수 있었으나, 이 방식의 적용이 근대의 감사에서는 소홀하게 취급되었다. 부정의 적발 혹은 예방은 이차적인 역할로 전락하였다.

많은 회계 도구 중에서 재무제표는 누적된 역사적 영향의 결과다. 산업혁명 이전에는 주로 원장 잔액의 산술적 검증을 위하여 재무제표가 작성되었으나 후에는 그 역할이 뒤바뀌어 오히려 재무제표의 작성을 용이하게 하는 것이 회계장부라고 인식하게 되었다.

재무제표가 단순한 부기 과정의 요약수단에서 전달수단으로 변화함에 따라 분개장 및 원장도 또한 문장형식에서 잔액을 용이하게 파악할 수 있는 통계표로 발전하게 되었다.[10] 이러한 변화는 다음과 같은 산업혁명과 주식회사제도의 발달에 기인한다.

① 산업혁명과 회계의 발달

산업혁명은 18세기 말부터 19세기 중엽에 걸친 기술혁신에 따른 변화로서 영국에서 시발하여 프랑스, 독일, 미국으로 전파되었다. 이를 통한 획기적인 공업기술의 발달은 회계환경을 크게 변화시켰고, 회계영역도 크게 확대시켜 회계이론이나 실무기법을 발전시켰다.

기술의 발달과 제조공업의 확대로 제품의 정확한 원가계산이 매우 필요하게 되었으며, 그로 인하여 재고자산의 평가문제, 제조간접비의 예정배부, 노무비의 세부적 파악 등 일련의 원가계산방법이 발달하였으며, 계산된 원가는 제품가격의 결정수단으로 활용되었다. 복식부기는 기업의 경영계획과 경영자의 의사결정 능력을 발전시켰고 그때까

---

9 Vouching 기법: 증거서류에 의한 거래 확인 방법.

10 『회계사상사』, p.93, 마이클 체트필드 지음, 이정호 역, 경문사, 1985.

지와는 전혀 다른 산업혁명의 환경하에서도 잘 적응할 수 있는 도구가 되었다.

②주식회사제도와 회계의 발달

주식회사의 출현과 발전은 투자가들에게는 무기한으로 자본을 투자할 수 있는 투자대상을 찾게 하였고, 기업에서도 토지와 기계를 구매할 수 있는 자본을 쉽게 조달할 수 있게 되어 계속기업의 개념이 자리 잡게 되었다. 이러한 계속기업의 가정하에 회계기간의 설정, 납입자본의 유지, 자본적 지출과 수익적 지출의 구분, 회계보고서 작성 의무화, 정확한 손익계산서의 작성과 배당 이익의 산출, 발생주의 및 실현주의, 자산평가의 방법 및 충당금의 설정 등 많은 부분에서 회계이론의 발전과 세무와 법률에 관한 규정의 도입을 촉진하였다.

이러한 주식회사 형태의 기업발달은 자본의 거대화와 주주 수의 증대를 촉진하였다. 주식회사인 기업은 주주, 채권자, 근로자, 소비자, 국가기관 등의 이해자 집단에 대한 사회적 책임을 떠안게 되었다. 그리하여 기업은 일정 기간의 재무상태와 경영성과를 재무제표라는 수단에 의해 정기적으로 공시해야 할 책임을 떠안게 되었다.

(3) 현대의 회계

자본시장의 세계화 추세에 따라 전세계적으로 단일기준으로 작성된 신뢰성 있는 재무정보의 요구가 증대되어 왔으며, 이러한 수요에 부응하기 위하여 "국세적으로 통일된 고품질의 회계기준 제정"이라는 목표 아래 감독기구와는 독립적으로 운영되는 국제적인 회계제정기구인 국제회계기준위원회(IASB, International Accounting Standards Board)가 설립되었다.

국제회계기준위원회는 국제회계기준(IFRS, International Financial Reporting Standards)을 제정하여 보급하고 있다. 이러한 국제회계기준은 과거의 회계처리가 기존 정해진 규칙 중심으로 회계처리가 수행되었던 데에 반하여 국제회계기준은 경제적 실질을 중시하여 공정가치로 평가하는 것을 요구한다. 이러한 차이를 기존의 한국 회계기준과 국제회계기준을 비교하면 다음과 같다.

<표 1> 기존 회계원칙과 국제회계기준의 비교

구분	KGAAP(규정중심)	IFRS(원칙중심)
회계처리	기존 정해진 규칙중심	경제적 실질을 중시 실무적용에서 높은 수준의 판단요구
자산부채평가	신뢰성 객관성	원칙적으로 공정가치 평가 판단에 대한 큰 책임이 수반(회계전문가의 윤리성과 전문성)
법률과 정책	법률과 정책에 따른 현실성 고려 열거주의	거래 실질에 따른 처리 예시주의 개념적 틀 중시

회계는 조직을 발전시키고 관리하는 데 매우 중요한 정보인바, 이러한 회계 정보가 어떻게 만들어지는지에 대한 프로세스를 이해할 필요가 있다. 오늘날에는 자동화가 매우 잘되어 있어서 전표만 입력하면 그 이후 단계는 자동으로 진행되기 때문에 회계담당자라고 하여도 그 과정에 대하여 잘 알고 있는 경우가 많지 않다.

그러나 회계에 관련된 프로세스를 이해하여야만 제시된 회계자료가 어떤 의미가 있으며 제시된 재무제표에 어떤 취약점이 있을 수 있는지 알 수 있기 때문에 회계프로세스에 대한 이해가 필수적이다. 회계프로세스는 크게 거래의 파악, 거래에 대한 분개, 계정별 장부의 작성 그리고 재무제표 작성 절차를 거친다.

1) 거래의 파악

재무제표가 만들어지는 회계프로세스를 이해하기 위해서는 먼저 회계의 출발점인 거래를 먼저 이해하여야 한다. 회계상 거래에는 다음과 같은 것들이 있다.

(1) 교환거래

수익이나 비용이 발생하지 않고 자산, 부채 및 자본을 증감시키는 거래. 예를 들어 현금으로 차량을 구입하거나 자본 증자를 할 경우 등을 들 수 있다.

(2) 손익거래

자산, 부채 및 자본의 증감이 수익이나 비용의 발생에 따라 일어나는 거래. 예를 들어 예금이자를 현금으로 받으면 '현금'이라는 자산이 증가하고, '이자수익'이라는 수익이 발생한다.

(3) 혼합거래

교환거래와 손익거래가 동시에 발생. 예를 들어 장부가액이 3백만 원인 차량을 현금 5백만 원을 받고 매각하였을 경우 현금이 수취되고 차량은 양도되며 차량처분이익 2백만 원이 실현되는 혼합거래다.

2) 거래의 예시

(1) 차량을 2천5백만 원에 구입하기로 계약하다

본 거래의 경우에는 회계상 인식할 거래가 없다. 왜냐하면, 자산이 기업에 유입되거나 유출된 거래가 없기 때문이다. 물론 계약에 따른 법적 의무사항은 발생할 수 있으나 회계상 거래는 없다.

(2) 급여 3백만 원이 지출되다

본 거래는 현금이라는 자산이 기업 외부로 유출된 것으로 회계상의 거래로 인식된다. 또한, 유출된 현금이 급여의 대가로 지급된 것으로 비용이 발생하였음을 의미한다.

(3) 여비로 10만 원을 지급하다

본 거래는 현금이라는 자산이 기업 외부로 유출된 것으로, 회계상의 거래로 인식된다. 또한, 유출된 현금이 여비의 대가로 지급된 것으로 비용이 발생하였음을 의미한다. 상기 제시된 거래처럼 회계프로세스의 첫 출발점은 회계로 인식될 거래를 분간하는 것이다. 이러한 거래가 파악되었으면 이를 복식부기 방법을 사용하여 거래를 분개하는 과정을 거친다.

분개(分介)라 함은 파악된 회계 거래를 회계구조로 받아들이기 위하여 회계적인 용어를 사용하여 분류하는 과정을 의미한다. 이 과정이 회계프로세스에서 가장 중요하다. 오늘날의 전산환경시스템에서는 분개만 잘 수행된다면 그다음 과정은 자동으로 이루어져 재무제표 작성까지 일사천리로 수행된다.

그러나 본서의 목적이 회계프로세스를 파악하기 위한 것인바, 수작업에 의한 회계프로세스를 설명한다. 오늘날의 전산환경시스템은 너무 잘 구축되어 있어서 그에 대한 부정적인 측면도 부각되고 있다.

부정적인 측면이란 실무진을 포함한 관리자들이 회계 정보 산출의 중간과정에 대하여 잘 알지 못한다는 것이다. 그 폐단은 복잡하게 설정된 전산환경시스템에 대한 이해가능성이 떨어진다는 점과 회계 정보가 우연이나 고의에 의하여 오염될 가능성이 있다는 것이다. 그리고 오염된 정보가 어떤 검증 과정도 없이 그대로 통용될 위험이 있다는 것이다.

현실적으로 대기업에 구축된 SAP이나 ORACLE 등에 의해 구축된 전산환경시스템을 제대로 이해하는 사람이 많지 않다. 이러한 이유로 전산환경이 고도로 복잡하게 구축된 시스템은 전산 처리 자료의 망라성과 일관성을 수작업으로 검증할 필요가 있으며, 경우에 따라서는 통계적 방법에 의한 검증이 요청될 수도 있다.

3) 분개의 실행

(1) 분개의 개념

분개란 어떤 거래가 발생하면 해당 계정과목의 차변과 대변에 얼마씩 기록할 것인가를 결정하고 기록하는 것을 말한다. 이는 복식부기의 출발점이자 복식부기의 전부라고 할 수 있다. 예를 들어 책상을 50만 원에 현금 구입했을 경우 이 거래를 파악하고 분개하면 다음과 같다.

> ■ 거래의 파악: 자산 간의 교환거래
> ■ 분개: 차변) 비품(책상) 500,000
>   대변) 현금 500,000

간단하게 보이지만 위의 분개에는 심오한 철학적 바탕이 깔려 있다. 즉, 무엇인가를 받기 위해서는 무엇인가를 희생하여야 한다는 것이다. 역으로 무엇인가를 희생하였다면 그 반대로 받는 것이 있다는 것을 의미한다. 위의 예에서 책상을 얻기 위해서는 그에 상당하는 현금의 유출이 반드시 발생한다는 것이다. 만일에 현금의 유출이 있었음에도 기업에 들어오는 것이 없거나 터무니없이 적다면 그것은 오류나 부정이 개입한 것이 된다.

이처럼 유입되는 것이 있으면 유출되는 것이 있다는 원칙은 회계에서 움직일 수 없는 진리다. 이러한 진리를 회계학적으로 표시하기 위하여 '차변'과 대변이라는 용어를 사용한다. 이러한 용어 대신에 차변은 '왼쪽', 대변은 '오른쪽'이라고 표현하여도 아무런 문제가 없다. 그러나 차변과 대변이라는 용어는 500년 넘게 사용되어온 용어이므로 굳이 이를 부인할 이유는 없다고 하겠다.

거래를 파악하고 이를 체계적인 회계구조로 파악하여 기업과 조직의 성과를 측정하기 위해서는 최수한의 전문용어의 최소한의 법칙은 당연히 수용하여야 할 것이다. 차변과 대변은 그러한 최소한 전문용어의 중요한 하나다. 다음은 분개의 법칙이다. 이것도 그리 복잡하지 않은 다음과 같은 것들이다.

(2) 분개의 법칙

우리가 사용하는 재무상태표와 손익계산서는 자산, 부채, 자본, 수익, 비용의 5가지로 구성된다. 자산은 예금이나 차량 등의 적극적 재산으로서 이를 처분하면 기업에 현금의 유입이 발생할 수 있는 재산을 의미하며, 부채는 미지급금과 은행차입금 등의 채무로서 언젠가는 기업에서 현금의 유출이 발생할 의무를 의미하고 자본은 자산과 부채의 차이를 말한다. 수익은 기업에 현금의 유입을 가져오는 거래이며, 비용은 기업으로부터 현금의 지출을 가져오는 거래를 말한다. 재무제표를 구성하는 요소의 특징에 따라 분개는 다음과 같은 5가지 법칙이 있다.

① 자산의 증가는 차변에, 자산의 감소는 대변에
② 부채의 감소는 차변에, 부채의 증가는 대변에
③ 자본의 감소는 차변에, 자본의 증가는 대변에
④ 수익의 감소는 차변에, 수익의 발생은 대변에
⑤ 비용의 발생은 차변에, 비용의 감소는 대변에

4) 분개장의 작성

(1) 분개장의 작성

거래를 파악하고 파악된 거래를 분개의 법칙에 따라 분개하여 기록하여 집계한 것이 분개장이 된다. 따라서 분개장에는 한 기업의 모든 거래가 일자별로 망라되어 있으며 분개장만 정확히 작성된다면 오늘날의 전산시스템에서는 재무제표가 거의 자동적으로 완성된다.

(2) 전기

거래를 분개한 다음에는 분개 내역을 분개장이라는 장부에 발생순서대로 기록한다. 재무제표를 산출하기 위해서는 분개장에 기록된 분개를 총계정원장에 설정된 계정계좌로 옮겨 적어야 한다. 이를 '전기(傳記)'라고 하는데 전기란 이와 같이 분개장에 기록된 분개를 총계정원장에 설정된 해당 계좌로 옮겨 적는 것을 말한다.

5) 계정별 원장의 작성

분개장의 거래를 계정별로 기록하게 되면 계정별 원장이 만들어진다. 계정별 원장은 분개장에 혼합된 모든 거래를 같은 종류의 거래끼리 집계하여놓은 것이다. 예를 들어 복리후생비는 복리후생비끼리, 보통예금은 보통예금끼리 일자별로 모아놓은 것이다.

전산 환경이 아닌 수작업 환경에서는 분개장의 건별 분개 거래를 참조하여 각 분개의 거래 내용을 해당 계정에 건별로 옮겨 적어야 한다. 엉뚱한 계정에 잘못 옮겨 적으면 재무제표는 엉망이 되고, 해당 계정을 일일이 수작업으로 수정하는 엄청난 작업을 하여야 한다. 불과 약 2, 30년 전만 하여도 그렇게 수작업으로 재무제표를 작성하였다.

그러나 오늘날의 전산환경하에서는 분개 행위만 틀리지 않게 수행한다면 분개장과 계정별 원장이 자동으로 생성되며, 이에 따른 재무제표가 작성된다. 실수로 계정을 잘못 기록하여도 해당 분개만 수정하면 별다른 절차 없이 수정된 재무제표가 만들어진다.

이렇게 장부가 만들어지면 많은 회계 정보를 얻을 수 있다. 특정 매출 거래처에 대한 미수금 현황과 매출 규모를 알 수 있고, 소모품비 계정 원장을 찾아보면 한 기업의 소모품의 사용내역을 일자별로 모두 알 수 있게 되며, 본 소모품비 계정의 하위 계정을 만든다면 부서별로 사용한 소모품비의 내용도 쉽게 파악할 수 있게 된다. 앞서 파치올리가 주장했듯이 한눈에 거래 내용을 파악할 수 있게 된다.

6) 장부의 작성

상기 프로세스에 의하여 주요 장부인 분개장과 총계정원장이 만들어지고, 이 주요 장부 중 총계정원장의 숫자들을 계정별로 집계하면 중요한 재무제표인 손익계산서와 재무상태표가 작성된다. 오늘날에는 재무제표가 가장 중요한 회계 자료로 인식되고 있지만, 산업혁명 이전까지는 재무제표는 중요하게 취급되지 않았다.[11] 근대와 현대에 이르러 재무제표가 중요한 회계자료로 인정된 것이다.

소규모 기업의 경우 주요장부만 작성하다가 기업이 성장하면서 보조원장의 작성이 필요해지며 나아가 기타 보조장부들이 만들어진다. 그러나 오늘날에는 모든 것이 전산화

---

11 『회계사상사』, p. 93, 마이클 체트필드 지음, 이정호 역, 경문사, 1985.

되어 분개 전표 작성만 이루어지면 자동으로 재무제표가 작성된다.

그러다 보니 회계담당자들도 회계의 실제 흐름에 대해 잘 알고 있는 사람이 많지 않다. 이로 인하여 회계에 관한 내부통제제도를 구축해놓았으면서도 어디가 취약한지 알기가 어렵고, 오류와 부정이 있음에도 그것을 파악하기가 용이하지 않다. 다음은 일반적인 회사들에서 작성되고 있는 회계장부의 체계다. 비영리법인의 경우에는 주요장부인 분개장과 총계정원장은 동일하다고 볼 수 있으나 나머지 보조장부는 현금출납장 이외에는 작성되는 곳이 많지 않다.

<표 2> 회계장부의 체계

주요장부	보조장부		
	보조원장	보조기입장	기타보조장
분개장 총개정원장	매출처원장 매입처원장 상품재고장 비품대장 주주원장 사채원장	현금출납장 매입장 매출장 투자자산기입장	어음기입장 상품수령장

7) 회계프로세스의 시사점

회계 거래의 파악부터 장부 작성에 이르기까지 일련의 회계프로세스는 우리에게 기업을 운영하면서 맞닥뜨리는 재무제표의 실체를 알려준다. 즉, "개별 거래는 무엇인가를 주고 무엇인가를 받는 것으로, 모든 거래는 '쌍(pair)'으로 발생하며 파트너 관계가 있다."는 것이며 "재무제표는 개별 거래들을 계정별로 체계적으로 모아놓은 것"이라는 것이다.

따라서 재무제표상의 어느 계정이 궁금하다고 생각되면 해당 계정의 계정별 원장을 파악하면 그 해답을 알 수 있으며, 모든 거래는 해당 파트너가 있으므로 한쪽의 진실을 알고 싶다면 반대쪽의 진실을 검증함으로써 거래의 합리성을 검증할 수 있다는 것이다. 예를 들면 중고 차량을 1,000만 원을 주고 구입하였을 때 본 거래의 합리성을 검증하기 위해서는 다음의 과정을 거치면 된다.

- 거래의 파악: 중고차량을 현금 천만 원을 지급하고 구매하다.
- 분개: 차변) 차량 10,000,000
　　　　대변) 현금 10,000,000
- 거래의 유출가치: 현금 10,000,000원
- 거래의 유입가치: 중고차량 10,000,000원

여기서 거래의 유출가치 현금 천만 원은 원화 화폐 경제하의 한국 땅에서는 자명한 사실이다. 그러나 거래의 유입가치 중고차량 천만 원은 자명하지 않다. 과연 상기 거래가 정상적인 거래인지 판단하기 위해서는 중고차량 천만 원의 가치를 합리적으로 검증할 수 있는 수단이 필요하다.

만일 상장 주식시장에서처럼 A라는 회사의 주식을 만 원에 구입하였다면 이는 시가로서 의문의 여지 없이 거래 당시의 A사의 주식 가치는 만 원이며, 우리가 지불한 현금 만 원과 똑같다고 할 수 있다. 이렇게 공개 주식시장에서 거래되는 시가만큼 명백하지는 않지만, 기업에서 발생하는 개별 상품이나 서비스에는 공정한 가치, 즉 시가가 있게 된다.

위의 중고 자동차의 경우에도 중고시장이 존재한다면 그에 대한 시가를 획득할 수 있게 된다. 구매한 차량의 시가가 중고자동차 시장에서 950만 원이라면 다음의 부등식이 성립할 것이다.

- 유출된 가치: 현금 10,000,000원 > 유입된 자동차 가치 9,500,000원

이 거래는 유출된 가치보다 유입된 가치가 작아 손실을 초래한 거래임을 알 수 있다. 만일 반대로 구매된 자동차의 중고자동차 매매시장에서의 가치가 1,050만 원이라면 다

음의 부등식이 성립한다.

■ 유출된 가치: 현금 10,000,000원 < 유입된 가치: 자동차 10,500,000원

이 거래는 유출된 가치보다 유입된 가치가 더 커서 이익이 발생한 거래임을 알 수 있다. 결국, 모든 거래는 숫자인 회계로 표시되므로 관심 있는 해당 거래를 심층 분석함으로써 거래의 부정이나 오류를 파악할 수 있게 해준다.

기업은 계속 이익을 창출하여야 발전할 수 있다. '거래를 한다.' 함은 이익을 남기고, 즉 유입가치가 유출가치보다 커야 한다는 것이다. 여기서 다음과 같은 거래(기업)의 생존부등식이 성립한다. 비영리법인의 경우에도 고유목적사업을 위한 재원이 충분하여야 본래의 사업목적을 달성할 수 있다.

■ 거래(기업)의 생존부등식: 유입가치 >= 유출가치

3. 회계의 기본적 개념 및 흐름

(비)영리법인을 가치(價値)의 집합이라고 단순화하여 표현할 수 있다면 (비)영리법인의 모든 활동은 가치의 유입과 가치의 유출이라고 단순화할 수 있다. 회계의 기본 개념은 (비)영리법인을 둘러싸고 있는 주변환경과의 가치(價値) 교환에 대한 기록이라고 할 수 있다.

1) 가치교환의 기록

회계의 기본 개념은 기업이 주변환경과 가치를 교환하는 것을 기록하는 것이라고 할 수 있다. 예를 들어 처음에 100만 원을 출자하여 기업을 만든다고 할 때, 기업이라는 법적인 실체가 생기고 그 기업으로 현금 100만 원이라는 가치가 유입될 것이다. 기업이 설립되기 위하여 처음 발생하는 자본금의 출자는 첫 회계기록이라고 할 수 있다. 이렇게 출자된 자본금은 그냥 갖고만 있어서는 더 큰 가치를 창출할 수 없는바, 더 큰 가치를 창출하기 위해 기업 활동을 수행한다.

예를 들어, 상품을 취득할 경우 상품을 취득하기 위하여 현금이라는 가치의 유출이 발생하고 그 대가로 상품이라는 가치가 유입된다. 회계는 이러한 가치의 유출과 유입을 기록하는 하나의 방법이다. 본서에서 사용하는 가치는 주로 교환가치로 이해하면 된다. 가치에는 크게 교환가치와 사용가치가 있다.

영국의 고전학파 경제학의 시조인 애덤 스미스는 그의 저서 『국부론』에서 가치에는 사용가치(Value in use)와 교환가치(Value in exchange)의 두 가지가 있는데, 사용가치란 재화를 사용하여 얻는 효용을 의미하며 교환가치란 소유하고 있는 재화가 그 밖의 재화에 대해 가지는 구매력을 의미한다고 진술하고 있다. 그리고 물과 다이아몬드의 예를 들어 이들 두 가지 가치가 서로 같지 않을 뿐만 아니라 경우에 따라서는 상호 모순될 수도 있음을 설명하고 있다.

살아가는 데 물만큼 유용한 것이 없음에도 불구하고 물을 가지고 무엇인가를 사는 일은 쉽지 않다. 즉, 물은 사용가치는 높지만, 교환가치는 작다. 이에 반해 다이아몬드는 사용가치는 거의 없지만, 교환가치는 매우 높다. 회계에서 사용하는 가치는 거의 모두 교환가치다. 물론 회계에서도 사용가치가 있다. 예를 들어 감가상각이 다 끝나고 다른 용도에는 사용할 수 없는 기계의 경우 교환가치는 매우 작을 수 있지만, 해당 기업에서의 사용가치는 높을 수 있다. 그리고 대부분의 교환가치에는 사용가치가 공존하고 있다.

2) 가치의 흐름

유입된 상품이라는 가치는 원가에 이익이 부가된 매출로 판매된다. 즉, 100만 원의 원가로 유입된 상품 가치에 이익 30만 원이 가산되어 매출이라는 과정을 거쳐 더 큰 가치인 130만 원의 현금 가치가 될 수 있다. 회계는 모든 가치가 기업이라는 경계를 통과하는 순간을 포착하여 기록하는 것이다. 기업에서 유출되는 가치보다 더 많은 가치가 유입되는 기업은 점점 더 성장할 것이며, 유입되는 가치보다 더 많은 가치가 유출되는 기업은 점점 쇠퇴할 것이다.

앞에서 언급된 가치의 유입과 유출을 회계적으로 정리하면 다음과 같다.

■ 자본금 출자 100만 원: 현금 100만 원 가치 유입과 출자증서 100만 원 유출
■ 상품 구입 100만 원: 상품 100만 원 가치 유입과 현금 100만 원 가치 유출
■ 매출 130만 원: 현금 130만 원 가치 유입과 상품 100만 원 가치 유출

위의 거래를 가치와 시간의 공간에 회계 형식으로 표시하면 [그림 1]과 같다.

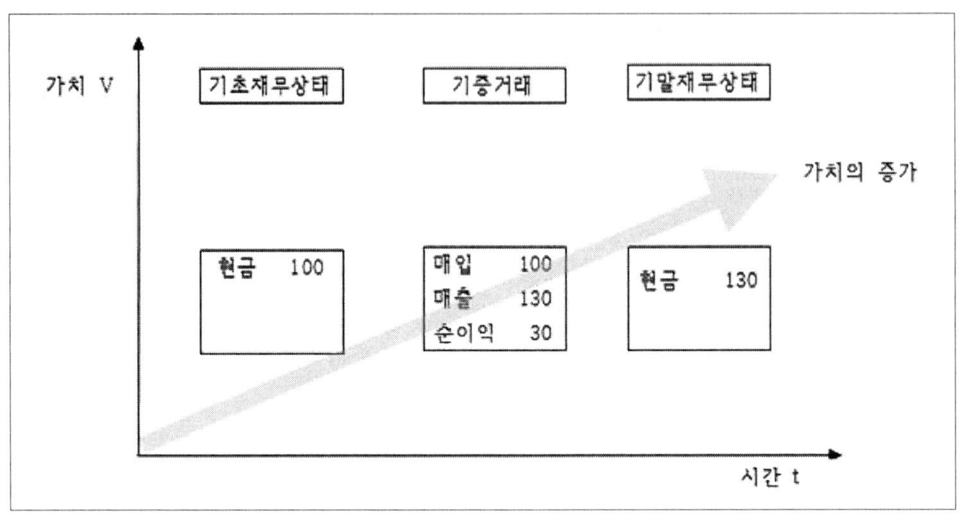

[그림 1] 시간과 가치의 관계

그림은 기초 가치 100만 원에서 기중 흐름을 거쳐 기말 가치 130만 원이 되는 과정을 시간과 가치의 증가로 나타내고 있다. 본 예에서는 단순한 거래를 가정하여 개념만 소개하였다. 그러나 복잡한 대량 거래의 경우에도 기본 개념은 동일하다.

회계의 흐름은 거래에 관련된 가치의 흐름을 효율적으로 파악하고자 하는 것이다. 거래가 발생하면 그에 따라 일정한 원칙에 따라 기록하고, 기록한 거래를 유사한 항목끼리 집계하고, 이를 바탕으로 손익계산서가 작성되고, 기말의 재무상태를 파악할 수 있는 재무상태표가 작성된다.

제2장

비영리법인 회계

1) 법인의 개념

법인이란 자연인 이외의 것으로서 법률에 의해 권리능력이 부여된 법적 주체를 말한다. 현행 「민법」은 법인에 대하여도 정관으로 정한 목적의 범위 내에서 자연인과 유사한 권리능력, 행위능력 및 불법행위능력을 부여하고 있으며, 법인의 능력에 관한 규정은 강행규정으로서 정관이나 약정에 의해 회피될 수 없다.[12]

이러한 법인은 자연인이 생존 기간 동안 권리와 의무의 주체가 되는 것과는 달리 법률의 규정과 등기에 의하여 성립되며(「민법」 제31조, 제33조) 청산등기를 마침으로써 종식된다.

2) 법인의 종류

(1) 구성요소에 의한 구분

① 사단법인

사단법인은 일정한 목적을 위하여 결합한 사람의 집단에 대해 법인격을 부여한 것으로 재산을 본체로 하는 재단법인과 다르다. 사단법인은 사람의 집단이기 때문에 구성요소인 사원이 필요하며 최고의사결정도 사원총회의 자주적 결정에 의해 이루어진다.

이러한 사단법인은 통상 근본규범인 정관을 작성하여 주무관청의 허가를 받아 주된

---

12 「민법총칙」, p. 216, 이은영 지음, 박영사, 2009.

사무소 소재지에 등기를 마침으로써 성립되지만, 회사와 같은 영리법인의 경우에는 주무관청의 허가절차 없이 법이 정한 설립요건을 갖춰 등기를 마침으로써 성립되기도 한다.

② 재단법인

재단법인은 일정한 목적을 위하여 모은 재산이나 출연한 재산을 개인의 권리에 귀속시키지 않고 별개의 실체로 운영하기 위해 재산을 구성요소로 성립된 법 인격체를 말하며, 이런 점에서 사단법인과 다르다. 특히, 재단법인은 재산출연자의 의사를 존중하기 위한 취지에서 설립목적을 비롯한 정관변경에 많은 제약을 두고 있다(「민법」 제46조).

다만, 재산이 의사를 표시할 수 없으므로 법인을 대표하여 이사가 법률행위를 하지만 인적 단체가 아니므로 사단법인과 같은 사원총회(또는 주주총회)가 없으며 영리를 목적으로 한 법인의 설립도 허용되지 않는다(「민법」 제32조, 제39조 제1항).

(2) 설립근거에 의한 구분

① 민법법인

민법법인은 「민법」 제32조의 규정에 따라 설립된 사단법인과 재단법인을 의미하며, 통상 '비영리법인'으로 통칭되는 시민운동단체 대부분이 이에 해당한다. 이러한 민법법인은 「민법」과 각 부처의 규칙[13]이 정하는 바에 따라 설립허가와 감독이 이루어진다.

② 공익법인

통상 공익(公益)법인이라고 하면 광의의 비영리(非營利)법인으로서 공익활동을 주된 목적으로 설립된 단체를 총칭하지만 여기서는 「공익법인의 설립·운영에 관한 법률」[14]에 근거하여 설립된 법인을 뜻한다. 「공익법인설립법」 제2조는 '공익법인'을 '재단법인 또는 사단법인으로서 사회 일반의 이익에 공여하기 위하여 학자금·장학금 또는 연구비의 보조나 지급, 학술, 자선에 관한 사업을 목적으로 하는 법인'으로 정의하고 있다.

---

13 행정자치부는 「행정자치부및경찰청소관비영리법인의설립및감독에관한규칙」을 제정·시행하고 있다.

14 「공익법인설립법」 제1조는 이 법이 '법인의 설립·운영에 관한 「민법」의 규정을 보완'하는 데 목적이 있다고 규정하고 있어 광의로 보면 공익법인 전체가 「민법」 제32조에 규정된 비영리법인에 포함된다.

③ 특수법인

비영리법인 중에서 「민법」 제32조의 규정에 의하지 않고 각종 개별법에 근거하여 설립된 법인을 통칭하며 학교법인, 사회복지법인, 의료법인, 각종 조합 및 연합회 등이 이에 해당된다.

(3) 영리성(營利性)에 의한 구분

① 영리법인

영리법인은 비영리법인과 달리 경제적 이익을 목적으로 설립되고 이익의 극대화를 위해 노력하며 그 과실을 구성원이나 사원 개개인에게 배분하는 것을 기본원리로 한다. 영리법인은 모두 사단법인체로 상법상의 회사인 합명회사·합자회사·주식회사·유한회사 등이 해당되며, 영리를 목적으로 한 재단법인의 설립은 허용되지 않는다(「민법」 제39조).

② 비영리법인

「민법」 제32조는 '비영리법인'을 '학술, 종교, 자선, 기예, 사교 기타 영리 아닌 사업을 목적으로 하는 사단법인 또는 재단법인'으로 규정하고 있다. 따라서 비영리법인은 원칙적으로 구성원의 경제적 이익을 목적으로 하거나 수익사업,[15] 공익을 저해하는 사업에 참여할 수 없다.

다만 비영리법인이라고 해서 반드시 불특정 다수인을 위한 공익활동에 적극적으로 참여해야 하는 것은 아니며 공익을 저해하지 않는 정도면 족한 것으로 해석하고 있다.

[그림 2]는 법인의 내용을 이해하기 쉽도록 정리한 것으로 비영리법인의 구분은 보는 관점에 따라 다양한 형태로 분류될 수 있다. 영리법인의 경우 사단으로만 설립할 수 있으며 재단으로는 설립할 수 없다.

---

15 비영리법인이 설립목적 달성을 위해 본질에 반하지 않는 범위 내에서 회원을 상대로 하는 영리 행위는 가능하다.

[그림 2] 법인의 종류

법인
사단법인
재단법인
영리법인 (회사)
주식회사/유한회사/합자회사/합명회사
비영리법인
민법법인
시민운동단체
공익법인
학자금, 장학금 또는 연구비의 보조나 자선에 관한 사업
특수법인
학교법인, 사회복지법인, 의료법인, 각종 조합 및 연합회 등
비영리법인
민법법인
시민운동단체
공익법인
학자금, 장학금 또는 연구비의 보조나 자선에 관한 사업
특수법인
학교법인, 사회복지법인, 의료법인, 각종 조합 및 연합회 등

2. 비영리법인 회계의 이해

1) 기본재산과 일반재산

「공익법인의 설립·운영에 관한 법률」 제11조와 같은 법 시행령 제16조에 공익법인의 재산에 대해 정의하고 있다. 기본재산은 정관의 기재사항이므로 기본재산이 변경될 경우 이사회 결의를 거쳐 정관의 변경절차를 거쳐야 한다. 「공익법인의 설립·운영에 관한 법률 시행령」 제16조에서는 재산에 대하여 다음과 같이 규정하고 있다.

제16조(재산의 구분)

① 공익법인의 재산 중 다음 각호의 1에 해당하는 재산은 기본재산으로 한다.

1. 설립 시 기본재산으로 출연한 재산

2. 기부에 의하거나 기타 무상으로 취득한 재산. 다만, 기부목적에 비추어 기본재산으로 하기 곤란하여 수부관청의 승인늘 얻는 것은 예외로 한다.

3. 보통재산 중 총회 또는 이사회에서 기본재산으로 편입할 것을 의결한 재산

4. 세계잉여금 중 적립금

② 보통재산은 기본재산 이외의 모든 재산으로 한다.

③ 주무관청은 공익법인의 보통재산이 과다하다고 인정할 때에는 그 일부를 기본재산으로 편입하게 할 수 있다.

보통재산은 처분에 허가가 필요한 기본재산과는 달리 주무관청의 허가 없이도 자유롭게 처분할 수 있다는 장점이 있다. 따라서 공익법인 기금 운용의 효율성이라는 측면에서 보통재산이 많은 것이 유리하다. 원금보존의 의무가 따르는 기본재산과는 달리 보통재산은 원금손실 가능성이 있는 기대수익률이 높은 주식, 채권 등의 금융상품 등에

자유롭게 투자할 수 있다.

공익법인의 재산 중 앞서 언급한 기본재산에 해당되지 않는 모든 재산은 보통재산이라고 판단하면 된다. 기본재산에서 발생한 과실 및 비경상적으로 얻은 수입의 경우 보통재산으로 보면 된다.

2) 고유목적사업

고유목적사업이란 법인의 설립목적이 되는 사업을 말한다. 영리법인은 영리를 목적으로 설립된 법인이므로 영리사업을 고유목적사업으로 할 수 있으나, 비영리법인은 영리 외의 것을 고유목적으로 하여 설립되는 법인이다. 따라서 비영리법인의 고유목적사업은 학술·종교·자선·사교 등이 된다. 비영리법인이 당해 고정자산처분일 현재 3년 이상 계속하여 법령 또는 정관에 규정된 고유목적사업에 직접 사용한 경우 당해 고정자산의 처분으로 인한 수입에 대하여 법인세를 과세하지 아니한다.[16]

3) 재무회계, 관리회계, 예산회계

(1) 재무회계

기업회계는 그 목적에 따라 외부용 재무회계와 내부용 관리회계로 분류된다. 외부용 재무회계는 주로 기업의 외부 이해관계자들에게 회사의 현상을 보고하는 재무보고서 작성을 주된 목적으로 한다. 이에 반해 내부용 관리회계는 경영자나 관리자가 기업의 현상을 파악하고, 이를 바탕으로 미래의 의사결정을 위한 경영관리 측면의 재무보고서 작성을 주된 목적으로 한다.

일반적으로 제조업체는 구입한 원재료를 생산·가공하여 제품을 만들어 이를 거래처 등에 판매함으로써 이익을 얻고 있다. 이러한 일련의 경영 활동에 따라 나타나는 기업

---

16 [참조 조문]: 「법인세법」 제3조 제2항 5호, 「법인세법 시행령」 제2조 제2항.

성과는 상법, 세법, 기업회계기준에 근거하여 작성한 재무제표로 요약·집계된다.

재무제표는 기업이 이익을 내는 데 원천이 되는 재산과 부채(재무상태)를 어느 정도 보유하고 있는지를 나타내는 재무상태표(B/S)와 기업이 어떠한 활동을 통해 이익을 얼마나 올렸는가 하는 경영실적을 나타내는 손익계산서(P/L)로 구성되어 있다.

이처럼 주주·투자자·채권자·국가·지방자치단체 등 기업 외부의 이해관계자에게 정기적으로 재무제표를 보고하는 것을 주된 목적으로 하는 것이 바로 재무회계이다.

(2) 관리회계[17]

관리회계는 특히 내부보고(內部報告)를 목적으로 탄력적·적시적(適時的)인 계산을 하는 점이 외부보고를 주목적으로 하여 제도적·정기적인 계산을 하는 재무회계(財務會計)의 경우와 다르다. 관리회계의 체계는 여러 가지가 있으나 관리 기능적인 관점에서 보면 보통 계획을 위한 회계와 통제를 위한 회계로 대별된다.

전자는 설비투자계획·생산계획 등의 사업계획과 단기·장기의 이익계획인 기간계획(期間計劃)으로 구성된다. 후자는 분과제도(分課制度)를 배경으로 업적평가와 통제를 하는 것으로, 예산통제·원가관리 등이 대표적인 예이다. 그러나 최근의 연구는 크게 의사결정회계(意思決定會計)와 업적평가회계(業績評價會計)로 나누어진다. 의사결정회계는 오퍼레이션 리서치(OR, Operations Research) 등 경영과학의 수법과 연결하여 회계 정보(會計 情報)에 의한 경영 의사 결정의 최적화(最適化)를 목표로 삼고 있다. 업적평가회계는 예산통제와 표준원가계산 등에 의한 계획과 실적의 차이 분석(差異 分析)을 중심으로 한다. 경영과학·행동과학 및 컴퓨터의 발달로 관리회계는 회계 가운데 변화가 가장 많은 분야이다. 변동비와 고정비를 구분하여 통상적으로 많이 사용하는 손익분기점분석은 관리회계의 하나라고 할 수 있다.

---

17 [네이버 지식백과]: 관리회계(管理會計, managerial accounting) - 『두산백과』, ㈜두산, 2010.

(3) 예산회계

예산회계는 재무회계에 사전적인 계획이 더 강하게 반영된 회계를 의미한다. 재무회계의 경우 기업은 매년도 사업 시작 전에 다음 연도의 경영계획을 수립한다. 이러한 경영계획의 핵심은 매출 목표와 이익목표를 설정하고 그 목표를 달성하기 위하여 노력한다. 그리고 상황에 따라 목표를 수시로 수정하고 비용 계획을 탄력성 있게 운영한다. 반면에 공공기관과 비영리법인에서 주로 운영하는 예산제도는 사업목표에 따른 예산이 사전에 확정적으로 설정되어지고 그 설정되어진 예산을 준수하는 데 많은 노력을 기울인다. 한 번 설정된 예산을 변경하기 위해서는 규정된 절차(이사회의 결의 등)를 꼭 준수하여야 한다. 따라서 예산회계는 해당 사업연도 사업계획이 정밀하게 계획될 것을 제도적으로 요구하고 있다고 할 수 있다. 특히 규모가 작고 이사진의 거의 모두가 비상임으로 구성되어있는 중소 비영리법인의 경우에는 사전적으로 설정된 계획에 따른 관리가 필수적이다. 그러한 이유로 비영리법인에 있어서 예산제도는 면밀하게 수립되는 것이 필수적이라고 할 수 있다. 본『비영리법인 회계시스템 구축 실무』에서는 예산 부문에 대하여 회계프로그램으로 예시를 들어 설명할 것이다. 참고로「국가재정법」제16조에서는 예산원칙을 다음과 같이 규정하고 있다.

제16조(예산의 원칙)

정부는 예산의 편성 및 집행에 있어서 다음 각호의 원칙을 준수하여야 한다. <개정 2010.5.17., 2013.1.1.>

1. 정부는 재정 건전성의 확보를 위하여 최선을 다하여야 한다.

2. 정부는 국민부담의 최소화를 위하여 최선을 다하여야 한다.

3. 정부는 재정을 운용함에 있어 재정지출 및「조세특례제한법」제142조의 2 제1항에 따른 조세지출의 성과를 제고하여야 한다.

4. 정부는 예산과정의 투명성과 예산과정에의 국민 참여를 제고하기 위하여 노력하여야 한다.

5. 정부는 예산이 여성과 남성에게 미치는 효과를 평가하고, 그 결과를 정부의 예산편성에 반영하기 위하여 노력하여야 한다.

---

4) 단식부기와 복식부기

(1) 단식부기[18]

인명·채권채무·현금출납·상품 매입과 매출 등 적당한 방법으로 기장하는 것이다. 복식(複式)부기와 대응된다. 복식부기가 기록대상을 항상 관련 항목과의 유기적 관계에서 파악하여, 동시에 병행하면서 기록해 나가는 데 반하여, 단식부기는 기록대상에 관한 것만 기록한다. 그런 뜻에서는 복식부기는 단식부기의 발전한 형태라고 말할 수 있다. 단식부기는 자본계통의 계정이 없이, 오직 재산구성 부분의 변동만을 기록하므로 손익계산의 상세한 내용을 표시하지 못한다. 그러므로 단식부기는 소규모 기업과 가계(家計) 또는 손익을 산출할 필요가 없는 관청 등에서 쓰이고 있다. 거래 활동이 복잡하며 정확한 거래업적을 산출하여야 하는 업체일수록 완전부기인 복식부기를 쓴다. 단식부기는 경영성과는 어느 정도 측정할 수 있으나 일정 시점의 재무상태에 대해서는 파악할 수 없는 치명적인 단점이 있어 오늘날에는 비영리법인도 복식부기로 전환하고 있다.

(2) 복식부기[19]

기업의 자산과 자본의 증감 및 변화하는 과정과 그 결과를 계정과목을 통하여 대변과 차변으로 구분하여 이중기록·계산이 되도록 하는 부기형식을 말하는 것으로 단식부기(單式簿記)와 상대되는 개념이다. 복식부기는 거래의 이중성 또는 대칭 관계를 전제로 하였고, 한 거래를 계정기입법칙(計定記入法則)에 의거하여 대차양변에 동시에 기입함으로써 대차변의 각 합계가 일치되어 대차평균(貸借平均)의 원리가 성립되며, 이 원리에 의하여 복식부기가 자기통제기능 또는 자동검증기능을 수행한다. 복식부기는 일정 기간의 경영성과를 정확하게 측정할 수 있을 뿐만 아니라 일정 시점의 재무상태도 잘 측정한다. 복식부기에 의한 재무제표의 작성순서는 거래에 대한 분개를 통하여 다음과 같은 순서로 작성된다.

---

18 [네이버 지식백과]: 단식부기(單式簿記, Single-entry bookkeeping) - 『두산백과』, ㈜두산, 2010.

19 [네이버 지식백과]: 복식부기(複式簿記, Bookkeeping by double entry) - ㈜영화조세통람.

제1단계: 원가를 집계하여 원가명세서를 작성한다.

제2단계: 원가명세서의 원가를 매출원가에 대체하여 손익계산서를 작성한다.

제3단계: 손익과 전기이월이익잉여금을 합산하여 미처분이익잉여금으로 집계한다.

제4단계: 3단계의 미처분이익잉여금이 재무상태표상의 미처분이익잉여금으로 반영되면 대차가 일치한다.

1) 비영리조직회계기준 재정 목적

한국회계기준원이 2017년 7월 20일에 제정한 비영리조직회계기준(이하 '이 기준'이라 한다)의 목적은 비영리조직이 일반목적 재무제표를 작성하는 데 적용하는 회계기준을 제시하는 것이다. 이 기준은 법인격 유무와 관계없이 영리를 목적으로 하지 않고 사회 전체의 이익이나 공동의 이익을 목적으로 하는 모든 형태의 비영리조직에 적용한다.

이 기준에 따라 비영리조직이 재무제표를 작성하는 목적은 이를 외부에 보고하여 기부자, 회원, 채권자, 비영리조직에 자원을 제공하는 그 밖의 주체(예: 보조금을 제공하는 정부) 등의 의사결정에 유용한 정보를 제공하여, 이들 이해관계자가 비영리조직이 제공한 서비스, 이러한 서비스를 지속해서 제공할 가능성, 비영리조직의 관리자들이 수탁 책임을 적절하게 수행하였는지 등을 평가할 때 도움을 주는 데 있다.

2) 회계기준 내용

비영리조직회계기준은 총 52개 조문으로 구성되어 있으며 제1조에서 제10조까지는 기준의 목적 및 일반 원칙에 대하여 정하였으며, 제11조에서 제23조까지는 재무상태표의 작성기준에 대해 규정하였다. 제24조에서 제36조까지는 운영성과표의 작성기준에 대해 규정되어있다. 제37조에서 제42조까지는 현금흐름표에 대해 규정하였으며, 제43조에서 제48조까지는 자산·부채의 평가에 대해 규정하였고 제49조에서 제52조까지는 주석 기재방법에 대하여 규정하였다. 일반기업회계기준과 비교하면 다음과 같은 특징이 있다.

(1) 재무제표의 차이

비영리조직기업회계기준 제6조에서는 작성하여야 할 재무제표를 재무상태표, 운영성과표, 현금흐름표와 관련 주석으로 정하고 있으며, 비영리조직이 수지계산서를 작성하고 있는 경우에는 현금흐름표를 작성하지 않음에 따라 소실되는 정보의 양이 중요하지 않다면 수지계산서로 현금흐름표를 갈음할 수 있다고 정하였다. 이 경우에 수지계산서란 수입과 지출의 결과를 집계한 표를 말한다. 이와 달리 영리조직의 경우에는 작성하여야 할 재무제표로 재무상태표, 손익계산서, 현금흐름표, 자본변동표, 관련 주석을 작성하도록 되어 있다.

(2) 제약있는순자산

비영리조직기업회계기준 제22조에는 '제약있는순자산'을 구분하여 회계 처리하도록 하고 있다.

'제약있는순자산'이란 기부자나 법령에 의해 사용이나 처분이 제약된 순자산을 말한다. 기부자나 법령에 의해 사용이나 처분이 제약되는 경우는 다음과 같다.

◎ 특정 비용을 집행하는 데에만 사용하거나, 투자자산에 투자하여 특정 기간 보유하거나, 경제적 내용연수가 유한한 유형자산을 취득하여 그 내용연수에 걸쳐 보유하거나 사용해야 하는 경우 등(즉, 일시제약이 있는 경우). 이 경우에 기부자나 법령에 의해 명시된 용도로 사용하거나 일정 기간이 경과하면 제약이 소멸된다.
◎ 토지를 취득하여 영구적으로 보유하여 특정 목적에 사용하거나, 투자자산에 투자하여 영구적으로 보유하여야 하는 경우 등(즉, 영구제약이 있는 경우).

(3) 운영성과표의 작성

일반기업의 경우 이익의 창출이 근본 목적인바, 기업의 경영성과는 손익계산서로 작

성되게 된다. 반면에 비영리조직의 경우에는 이익의 창출이 목적이 아니라 조직의 고유
목적 활동에 대한 성과가 중요하다. 따라서 일반 영리법인과는 달리 손익계산서 대신에
운영성과표를 작성하게 된다.

3) 회계기준 시행일 및 경과규정

이 기준은 2018년 1월 1일 이후 최초로 시작되는 회계연도부터 적용하되 조기 적용
할 수도 있다. 이 기준을 조기 적용하는 경우에는 그 사실을 공시한다.

경과규정으로 이 기준은 소급적용한다. 다만, 이 기준의 모든 요구사항에 대한 소급
적용의 영향을 실무적으로 결정할 수 없는 경우에는 이 기준을 실무적으로 적용할 수
있는 최초 회계 기간까지만 소급적용한다. 그 최초 회계 기간은 당기일 수도 있으며 이
경우에는 당기 초부터 전진 적용한다.

4. 공익법인 회계기준(기획재정부)

1) 공익법인 회계기준 재정 목적[20]

기획재정부 고시 제2017-35호로 제정된 공익법인 회계기준이 2018. 1. 1.부터 시행되고 있다. 공익법인 회계기준은 「상속세 및 증여세법」(이하 「상증세법」) 제50조의4, 「상증세법 시행령」 제43조의4에 따라 「상증세법」상 회계감사의무 또는 결산서류 등의 공시의무를 부담하는 공익법인(본서에서 '공익법인'이란 「상증세법」상 공익법인을 의미하는 것으로 지정기부금 단체도 이에 포함)에게 적용된다. 그간 공익법인의 경우 「상증세법」상 결산서류 공시의무나 회계감사 의무가 있음에도 불구하고, 공공기관·의료법인·학교법인·사회복지법인 등 영역별 회계기준 이외에는 영리법인과 달리 일반적으로 인정된 회계기준이 존재하지 아니하였다. 그러던 중 한국회계기준원에서 2017년 7월 비영리조직회계기준이 제정되었고, 이를 모태로 하여 2017년 12월 공익법인 회계기준이 제정되는 데 이르렀다.

「상증세법」상 회계감사 의무 또는 결산서류 등의 공시의무를 부담하는 공익법인, 즉 ① 재무상태표상 총자산가액이 100억 원 이상인 공익법인, 또는 ② 재무상태표상 총자산가액이 5억 원 이상 또는 수입금액과 출연재산가액의 합계액이 3억 원 이상인 공익법인의 경우 2018년 1월 1일부터 의무적으로 공익법인 회계기준을 적용하여야 한다. 만일 이를 적용하지 않은 경우 현행 법령의 해석상으로는 국세청장의 결산서류 오류시정 요구(「상증세법」 제50조의3 제2항 참조) 및 가산세 부과 등의 불이익을 받을 수 있다(「상증세법」 제78조 제11항 참조).

---

20 [재단법인 동천], "2018년부터 공익법인 회계기준 시행된다", 법무법인 태평.

회계기준이 없는 상태에서의 결산서류 공시와 회계감사는 사실상 의미를 가질 수 없다. 공통된 회계기준이 존재해야 공익법인의 회계 정보에 관한 계속성과 비교가능성, 투명성이 살아나고, 기부자나 주무관청, 세무당국과 같은 공익법인의 이해관계자들에게 공익법인의 사업이 얼마나 효과적으로 수행되었는지 등에 관한 정보를 제공하여 합리적인 의사결정을 하도록 도울 수 있기 때문이다. 특히 공익법인 회계기준의 경우 최근 기부금 횡령 사건 등으로 인하여 문제 된바 있는 공익법인의 회계 투명성을 제고하고 장래 기부문화를 활성화시키는 데 중대한 역할을 할 수 있을 것으로 예상된다.

2) 회계기준 내용

공익법인 회계기준의 주요 내용 중 일부를 간략히 살펴보면, 발생주의 회계원칙에 따라 복식부기 방식으로 회계처리를 하여야 하고(공익법인 회계기준 제4조), 기존에 작성해 오던 재무상태표와 운영성과표 이외에 주석도 작성하여야 한다(공익법인 회계기준 제5조). 그리고 재무상태표의 작성은 공익법인을 하나의 작성단위로 보아 통합하여 작성하되, 공익목적사업 부문과 기타사업 부문으로 각각 구분하여 표시하여야 한다(공익법인 회계기준 제10조 제2항, 제23조 제2항). 한편 사업수익은 기부금 수익, 보조금 수익, 회비 수익 등의 공익목적사업수익과 기타사업수익으로 구분하여 표시하고(공익법인 회계기준 제25조), 사업비용은 공익목적사업비용과 기타사업비용으로 구분하여 표시하되 활동의 성격에 따라 사업수행비용, 일반관리비용, 모금비용으로 구분하여 표시한다. 그리고 사업수행비용, 일반관리비용, 모금비용에 대해서는 각각 분배비용, 인력비용, 시설비용, 기타비용으로 구분하여 분석한 정보를 운영성과표 본문에 표시하거나 주석으로 기재하도록 하여(공익법인 회계기준 제27조), 비용분류에 대해 보다 구체적인 정보를 적시하도록 규정하고 있다. 주석에는 공익법인의 개황과 주요사업 내용, 사용이 제한된 현금 및 현금성 자산의 내용, 차입금 등 현금 등으로 상환하여야 하는 부채의 주요 내용, 현물기부의 내용, 제공한 담보·보증의 주요 내용, 특수관계인 거래, 기본순자산의 취득원가와 공정가치를 비교하는 정보에 관한 사항 등의 내용이 포함되어야 한다(공익법인 회계기준 제41조).

3) 회계기준 시행일 및 경과규정

공익법인 회계기준 부칙에는 다음과 같이 시행일 및 경과규정이 설정되어 있다.

<u>제1조(시행일)</u>

이 기준은 2018년 1월 1일부터 시행한다.

<u>제2조(일반적 적용례)</u>

이 기준은 이 기준 시행 이후 개시하는 회계연도부터 적용한다.

<u>제3조(재무제표 작성 적용례)</u>

이 기준이 최초 적용되는 재무제표에 대하여는 제9조에 따른 비교재무제표를 작성하지 아니할 수 있다.

<u>제4조(재무제표 작성 경과규정)</u>

이 기준은 공익법인이 원하는 경우 이 기준 시행 이전에 개시하는 회계연도에 적용할 수 있다.

<u>제5조(소규모 공익법인의 한시적 단식부기 등 적용 특례)</u>

이 기준 시행 이후 최초로 개시하는 회계연도의 직전 회계연도 종료일의 총자산 가액의 합계액이 20억 원 이하인 공익법인과 이 기준 시행일부터 2018년 12월 31일까지의 기간 중에 신설되는 공익법인은 이 기준 시행 이후 최초로 개시하는 회계연도와 그 다음 회계연도에는 단식부기를 적용할 수 있으며, 제41조의 필수적 주석기재사항의 기재를 생략할 수 있다.

한국회계기준원과 기획재정부의 회계기준은 재무상태표의 경우에는 크게 다르지 않
은바, 운영성과표를 중심으로 그 체계를 비교하면 〈표 3〉과 같다. 표에서 보듯 한국회
계기준원의 기준은 운영성과표에서 사용의 한정 여부에 따라 '제약없는순자산의 증가
(감소)'라는 구분을 하였고 운영성과표의 성과를 순자산의 증가(감소)로 표시하였다. 반
면에 기획재정부의 기준은 사용의 여부에 대한 구분은 크게 두지 않고 다른 부분은 유
사하며 단지 고유목적사업준비금에 대한 회계처리를 별도로 구분하여 강조하였다.

<**표 3**> 회계기준별 운영성과표 체계 비교

비영리조직 회계기준(한국회계기준원)	공익법인 회계기준(기획재정부)
제약없는 순자산의 변동	
사업수익	사업수익
기부금 수익	기부금 수익
회비 수익	회비 수익
보조금 수익	보조금 수익
기타수익	기타수익
사업비용	사업비용
사업수행비용	사업수행비용
AA사업수행비용	AA사업수행비용
BB사업수행비용	BB사업수행비용
일반관리비용	일반관리비용
급여	급여
복리후생비	복리후생비
사업이익(손실)	사업이익(손실)
사업외수익	사업외수익
사업외비용	사업외비용
제약없는 순자산의 증가(감소)	고유목직사업준비금전입액
제약있는 순자산의 변동	고유목적사업준비금환입액
기초순자산	법인세비용차감전 당기운영이익(손실)
기말순자산	법인세비용
	당기운영이익(손실)

제3장

비영리법인 세무

1. 비영리법인 세무의 이해[21]

1) 비영리법인 세무 일반

비영리법인 세무에 대한 설명은 세법에서 정한 공익법인을 기준으로 설명하고자 한다. 세법에서는 사회 일반의 이익을 목적으로 하는 공익사업을 최대한 지원하고자 공익법인에 대해 각종 혜택을 부여하고 있다.

그러나 조세 지원 제도를 탈세 및 부의 편법 상속 등으로 악용하는 행위를 규제하기 위하여 공익법인이 지켜야 할 의무규정을 두고 이를 지키지 않을 경우 증여세 및 가산세 등을 과세함으로써 공익법인이 본래의 목적사업에 전념하도록 유도하고 있다.

이는 세법 외에 「공익법인의 설립·운영에 관한 법률」 등 각 특별법에서 정관의 내용·임원의 임면·이사회 운영·주무관청의 감독 등에 관한 특별규정을 두어 공익법인이 목적사업을 건전하게 운영하도록 하여 사회 일반의 이익에 이바지하기 위한 것과 같은 취지이다.

「상속세 및 증여세법」상 공익법인도 법인세법상 비영리법인에 해당되므로 법인세법에서 규정하는 수익사업에 대한 법인세와 토지 등 양도소득에 대한 법인세 납세의무가 있다.

---

21 <공익법인세무안내>, 국세청, 2014. 2. 참조.

[그림 3] 비영리법인과 공익법인 관계

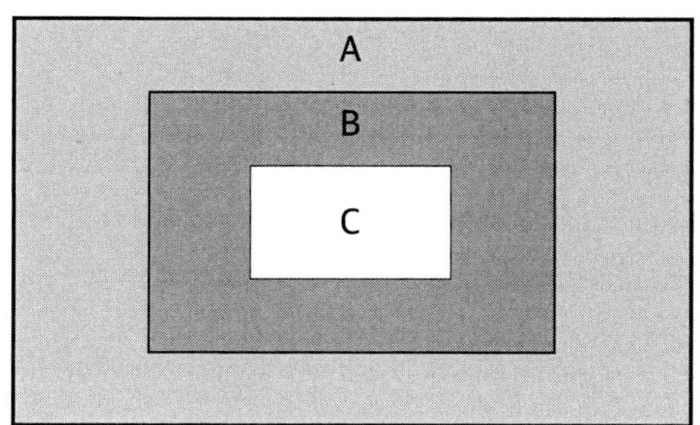

A: 비영리법인
B: 「상속세 및 증여세법」상 공익법인
C: 「공익법인 설립·운영에 관한 법률」상 공익법인

<표 4> 공익법인 설립근거법

공익 유형	설립 근거법
종교	「민법」, 기타 특별법 등
학술, 장학, 자선	「공익법인의 설립·운영에 관한 법률」
사회복지	「사회복지사업법」
교육	「사립학교법」 등
의료	「의료법」
문화·예술	「문화예술진흥법」
기타	「민법, 기타 특별법」 등

여기서 사단법인과 재단법인 여부를 불문하고 공익법인 해당 여부가 중요한데 그 이유는 공익법인에의 출연재산은 상증법상 과세가액에서 제외되어 비과세되기 때문이다. 또한, 공익법인의 경우 납세협력 의무가 있으며, 그 의무를 이행하지 않을 경우 세법상 가산세 규정에 의하여 불이익을 받을 수 있기 때문이다. 「공익법인의 설립·운영에 관한 법률」에 의한 공익법인 외에 「상속세 및 증여세법」에 의한 공익법인의 범위는 다음과 같다. 공익사업 종류는 예시규정이 아니라 열거규정이므로 시행령 및 시행규칙에 규정되지 않은 경우 공익사업으로 보지 않는다. (대법 96누7700, 1996. 12. 10.)

[공익법인등의 범위- 상증법 시행령 제12조]

제12조(공익법인등의 범위)

법 제16조 제1항에서 "대통령령으로 정하는 사업을 하는 자"란 다음 각호의 어느 하나에 해당하는 사업을 하는 자(이하 "공익법인등"이라 한다)를 말한다. <개정 1998. 12. 31., 1999. 12. 31., 2001. 12. 31., 2005. 8. 5., 2007. 2. 28., 2008. 2. 22., 2008. 2. 29., 2012. 2. 2., 2017. 2. 7., 2017. 5. 29.>

1. 종교의 보급 기타 교화에 현저히 기여하는 사업

2. 「초·중등교육법」 및 「고등교육법」에 의한 학교, 「유아교육법」에 따른 유치원을 설립·경영하는 사업

3. 「사회복지사업법」의 규정에 의한 사회복지법인이 운영하는 사업

4. 「의료법」에 따른 의료법인이 운영하는 사업

5. 「공익법인의 설립·운영에 관한 법률」의 적용을 받는 공익법인이 운영하는 사업

6. 예술 및 문화에 현저히 기여하는 사업 중 영리를 목적으로 하지 아니하는 사업으로서 관계행정기관의 장의 추천을 받아 기획재정부장관이 지정하는 사업

7. 공중위생 및 환경보호에 현저히 기여하는 사업으로서 영리를 목적으로 하지 아니하는 사업

8. 공원 기타 공중이 무료로 이용하는 시설을 운영하는 사업

9. 「법인세법 시행령」 제36조 제1항 제1호 각 목의 규정에 의한 지정기부금 단체 등 및 「소득세법 시행령」 제80조 제1항 제5호에 따른 기부금 대상 민간단체가 운영하는 고유목적사업. 다만, 회원의 친목 또는 이익을 증진시키거나 영리를 목적으로 대가를 수수하는 등 공익성이 있다고 보기 어려운 고유목적사업을 제외한다.

10. 「법인세법 시행령」 제36조 제1항 제2호 다목에 해당하는 기부금을 받는 자가 해당 기부금으로 운영하는 사업. 다만, 회원의 친목 또는 이익을 증진시키거나 영리를 목적으로 대가를 수수하는 등 공익성이 있다고 보기 어려운 고유목적사업은 제외한다.

11. 제1호 내지 제5호·제7호 또는 제8호와 유사한 사업으로서 기획재정부령이 정하는 사업

2) 수익사업과 고유목적사업의 구분경리

비영리법인이 수익사업을 영위하는 경우에는 자산·부채 및 손익을 그 수익사업에 속하는 것과 수익사업이 아닌 사업에 속하는 것을 각각 다른 회계로 구분 기록하여야 한다. 비영리법인이 수익사업과 고유목적사업을 겸영하는 경우에는 자산과 부채 및 손익을 그 수익사업에 속하는 것과 고유목적사업에 속하는 것을 각각 다른 회계로 구분하여 기록하여야 한다. (법법 §113, 법규칙 §75, §76)

3) 고유목적사업준비금 손금산입(법법 §29)

비영리법인이 그 법인의 고유목적사업 또는 지정기부금에 지출하기 위하여 고유목적
사업준비금을 손금으로 계상한 경우에는 일정한 범위 안에서 당해 사업연도의 소득금
액 계산상 손금에 산입한다.

- 손금산입 한도. 이자 소득금액, 배당소득 등×100%. 기타의 수익사업에서 발생한
  소득×50%(또는 80%). 조세특례제한법상 특례(100%, 80%)
- 고유목적사업이란 법령 또는 정관에 규정된 설립목적을 직접 수행하는 사업으로서
  「법인세법 시행령」 제2조 제1항의 수익사업 외의 사업을 말한다. (법령 §56 ⑤)

4) 상속세 및 증여세법에 의한 지원

(1) 출연재산

「민법」상 '출연'이라 함은 본인의 의사에 의하여 자기의 재산을 감소시키고 타인의 재
산을 증가시키는 효과를 가져오는 행위를 말한다. 「상속세 및 증여세법」상 '출연'이라 함
은 기부 또는 증여 등의 명칭에 불구하고 공익사업에 사용하도록 무상으로 재산을 제
공하는 행위를 말하며, 그 출연 행위에 의하여 제공된 재산을 출연재산이라고 한다. 즉,
공익법인이 무상으로 얻은 재산이 출연재산이 되는 것이며, 대가를 수반하여 제공받은
재산은 출연재산으로 볼 수 없다. 이 경우 불특정다수인으로부터 출연받은 재산 중 출
연자별로 출연받은 재산가액의 산정이 어려운 재산으로서 대통령령이 정하는 재산(종교
사업에 출연하는 헌금을 말하되, 부동산·주식 또는 출자지분으로 출연하는 경우는 제외)은 상증
법상 출연재산에 해당하지 아니한다. (상증법 §48 ② 본문단서, 상증령 §38 ①)

(2) 상속세 과세가액불산입(상증법 §16 ①)

상속재산 중 피상속인이나 상속인이 공익법인등에게 상속세 과세표준 신고기한 이내
에 출연한 재산의 가액은 상속세과세가액에 산입하지 아니한다. 그러나 상속세 과세가
액 불산입 후 당해 재산 및 그 재산에서 생기는 이익이 상속인 및 그와 특수관계에 있

는 자에게 귀속되는 경우에는 그 가액에 대하여 상속세를 추징한다.

(3) 증여세 과세가액불산입(상증법 §48 ①)

비영리법인이 출연받은 재산은 증여세 납세의무가 있다. 그러나 비영리법인 중 공익법인은 국가가 해야 할 사회 일반의 이익을 사업목적으로 하고 있으므로 공익법인 등이 출연받은 재산의 가액은 증여세과세가액에 산입하지 아니한다. 다만, 공익법인이 내국법인의 주식을 출연받는 경우로서 총발행 주식 수의 5%(또는 10%)를 초과하여 보유하는 경우에는 초과분에 대해 증여세가 과세된다.

공익법인의 납세 협력 의무에는 보고서 등 제출의무, 장부의 작성 비치 의무, 외부전문가의 세무확인서 제출의무, 외부회계감사 의무, 전용계좌개설사용의무, 결산서류 공시 의무가 있으며 관련 요약 내용은 다음과 같다.

<표 5> 공익법인 세무상 의무규정 요약표

구분	근거법령	내용	가산세
보고서 등 제출 의무	상증령 41조	사업연도 종료일부터 3개월 이내에 관할 세무서장에게 제출하여야 함	미제출분 또는 불분명한 부분의 금액에 상당하는 상속세액 또는 증여세액의 1%를 가산세로 과세
장부의 자성·비치 의무	상증법 51소 및 동령 제44조	복식부기 장부 및 관계있는 중요한 증명서류를 과세연도 종료일부터 10년간 보존	(해당 사업연도 수입 금액+출연재산가액)×0.07%
외부전문가의 세무확인서 제출의무	상증법 50조	외부전문가의 세무확인은 해당 공익법인 등의 사업연도종료일부터 2개월 이내에 실시하여야 함	[미이행 사업연도의 수입 금액+그 사업연도(과세기간)에 출연받은 재산가액]×7/10,000
외부 회계감사를 받아야 할 의무	상증법 §50 ③	총자산 가액이 100억 원 이상인 공익법인은 외부회계감사를 받아야 함	[미이행 사업연도의 수입 금액+그 사업연도(과세기간)에 출연받은 재산가액]×7/10,000
전용계좌 개설·사용의무	상증법 §50의 2	공익법인은 직접공익목적사업과 관련하여 받거나 지급하는 수입과 지출이 있는 경우에는 직접공익목적사업용 전용계좌를 개설·사용	전용계좌를 사용하지 아니한 금액의 1천분의 5
결산서류 공시의무	상증법 §50의 3	자산총액 5억 원 이상이거나 수입 금액과 출연재산의 합이 3억 원 이상인 공익법인은 사업연도 종료일부터 4개월 이내에 국세청의 인터넷 홈페이지에 게재	대차대조표상 자산총액의 1천분의 5

요약표에 대한 세부 내역은 다음과 같다.

1) 보고서 등 제출 의무(상증령 41조)

재산을 출연받은 공익법인은 납세지 관할세무서장에게 결산에 관한 서류 및 공익법인 출연재산 등에 대한 보고서를 사업연도 종료일부터 3개월 이내에 제출하여야 한다.

◎ 공익법인은 주무관청에 제출하는 대차대조표 및 손익계산서(수지계산서 등 포함)를 사업연도 종료일부터 3개월 이내에 관할 세무서장에게 제출하여야 함.

◎ 결산보고서 주무관청 제출제도가 없는 경우에는 주무관청에 제출하는 것이 없으므로 관할 세무서에 동 결산보고서를 제출할 필요 없음.

◎ 위 결산보고서 제출제도에서 결산보고서란 ① 고유목적사업부문, ② 수익사업부문, ③ 총계부문별로 작성된 것을 의미함.

  - 수익사업을 영위하는 공익법인이 법인세 신고시 수익사업부문의 결산 보고서를 제출하더라도 고유목적사업부문과 총계부문의 결산보고서를 추가로 제출하여야 함.

◎ 공익법인 출연재산 등에 대한 보고서

  공익법인 출연재산 등에 대한 보고서(별지 제23호 서식)에는 다음 각호의 서식을 첨부하여 함께 제출하여야 한다.

  - 출연재산·운용소득·매각대금의 사용계획 및 진도내역서(별지 제24호 서식)

  - 출연받은 재산의 사용명세서(별지 제25호의2 서식)

  - 출연재산 매각대금 사용명세서(별지 제25호의3 서식)

  - 운용소득 사용명세서(별지 제25호의4 서식)

  - 주식(출자지분) 보유명세서 (별지 제26호 서식)

  - 이사 등 선임명세서(별지 제26호의2 서식)

  - 특정 기업광고 등 명세서(별지 제26호의3 서식)

  - 출연재산을 3년 이내에 출연목적에 사용하지 못하고 그 사용에 장기간을 요하여

주무부 장관이 이를 인정하는 경우에는 그 관련 서류

☞ 주무부 장관이 없는 경우 관할 세무서장의 인정 필요(2013. 2. 15. 이후 주무부 장관
이 인정하는 분부터 적용)

◎ 보고서 등 미제출 가산세 부과(상증법 §78 ③)

공익법인 출연재산 등에 대한 보고서를 제출하지 아니하였거나 제출된 보고서에 출
연재산·운용소득 및 매각재산 등의 명세를 누락 또는 잘못 기재하여 사실을 확인
할 수 없는 경우에는 미제출분 또는 불분명한 부분의 금액에 상당하는 상속세액 또
는 증여세액의 1%를 가산세로 과세한다.

☞ 5천만 원(중소기업 기본법 §2 ①에 따른 중소기업이 아닌 기업은 1억 원)을 한도로 함. 다
만, 고의적으로 위반한 경우 한도 없음(국기법 §49 ①)

2) 장부의 작성·비치 의무(상증법 51조 및 동령 제44조)

◎ 공익법인은 사업연도별로 출연받은 재산 및 공익사업 운용내용 등에 대한 장부를
작성하여야 하며 장부 및 관계있는 중요한 증명서류를 과세연도 종료일부터 10년간
보존하여야 한다.

◎ 출연받은 재산의 보유 및 운용상태와 수익사업의 수입 및 지출내용의 변동을 빠짐
없이 이중으로 기록하여 계산하는 부기 형식의 장부(복식부기를 의미한다. 사회복지사업
법인 등 일부 기관의 경우에는 아직 단식부기를 사용함)이어야 하며, 증빙서류에는 수혜자
에 대한 지급명세가 포함되어야 한다.

◎ 장부의 작성·비치 의무 불이행 가산세(상증법 §78 ⑤)

- 장부를 작성·비치하여야 할 공익법인이 그 장부의 작성·비치 의무를 불이행하였
을 경우에는 다음 산식에 의하여 계산한 가산세를 납부하여야 한다.

■ (해당 사업연도 수입금액[15]+출연재산가액)×0.07%

---

3) 외부전문가의 세무확인서 제출의무(상증법 50조)

공익법인 운영의 투명성을 확보하기 위하여 일정규모 이상인 공익법인은 과세기간별 또는 사업연도별로 출연재산의 운용과 공익사업 운영내역 등을 2명 이상의 외부전문가로부터 세무확인을 받아 세무서장에게 제출하여야 한다.

2016년 12월 20일 상속세 및 증여세법 제50조 단서의 개정으로 인하여 외부회계감사를 받는 법인의 세무확인서 제출의무 면제규정이 삭제되어 2017년 1월 1일 이후 개시하는 사업연도부터 외부회계감사를 받는 공익법인도 세무확인서를 제출하여야 함.

<표 6> 세무확인 관련 규정 요약표

구분	내용
세무확인을 위한 외부전문가 선임	대상 공익법인 등은 제척사유가 없는 공인회계사, 세무사, 변호사 중 2명 이상을 선임하여 세무확인을 받아야 함.
세무확인 제외대상 공익법인등	1. 해당사업연도의 종료일 현재 자산총액이 5억 원 미만인 공익법인(주1) 2. 해당사업연도의 수입금액과 그 사업연도에 출연받은 재산가액의 합계액이 3억 원 미만인 공익법인 3. 불특정다수인으로부터 재산을 출연받은 공익법인 등(주2) 4. 국가·지자체가 재산을 출연하여 설립한 공익법인으로 감사원의 회계검사를 받은 공익법인 등(주3). 단, 외부회계감사를 받은 공익법인은 세무확인서를 제출하여야 함.
세무확인항목	1. 출연받은 재산의 공익목적 사용 여부 2. 공익법인등의 출연재산에 대한 과세가액 불산입규정(법 48조, 영 37조 및 39조)에 의한 의무사항 이행 여부 3. 출연받은 재산의 운영 및 수익사업내역의 적정성 여부 4. 장부의 작성·비치 의무의 준수 여부 5. 공익법인등의 수혜자 선정의 적정성 여부
세무확인 실시기한	외부전문가의 세무확인은 해당 공익법인 등의 사업연도종료일부터 2개월 이내에 실시하여야 함.
세무확인서 제출기한	세무확인을 받은 해당사업연도의 종료일로부터 3개월 이내에 관할세무서장에게 보고

---

22 장부의 작성·비치의무를 이행하지 아니한 사업연도의 수입금액 합계.

구분	내용
세무확인 미이행 가산세	가산세=[미이행 사업연도(과세기간)의 수입금액+그 사업연도(과세기간)에 출연받은 재산가액]×7/10,000
주1: 부동산의 경우는 MAX(장부가액, 보충적평가액)으로 평가 주2: (출연자 1인과 특수관계인이 출연한 재산가액)이<(출연받은 총재산가액×5%)인 경우 주3: 회계검사를 받은 해당연도에 한하여 제외	

4) 외부 회계감사를 받아야 할 의무(상증법 §50 ③)

총자산가액이 100억 원 이상인 공익법인은 과세기간별 또는 사업연도별로 「주식회사의 외부감사에 관한 법률」 제3조에 따른 감사인에게 회계감사를 받아야 한다.

<표 7> 외부 회계감사 관련 규정 요약표

구분	내용
외부감사인	공익법인 등은 사업연도별로 「주식회사의 외부감사에 관한 법률」 제3조에 따른 감사인(회계법인 또는 감사반)에게 회계감사를 받아야 함.
회계감사 제외대상 공익법인 등	1. 직전사업언도(과세기간) 종료일의 자산총액이 100억 원 미만(주1) 2. 종교의 보급 기타 교화에 현저히 기여하는 사업을 영위하는 경우 3. 「초·중등교육법」 및 「고등교육법」에 의한 학교, 「유아교육법」에 따른 유치원을 설립·경영하는 경우
감사보고서 제출기한	회계감사를 받은 공익법인등은 감사인이 작성한 감사보고서를 해당 사업연도 종료일부터 3개월 이내에 관할 세무서장에게 제출하여야 함.
회계감사 미이행 가산세(신설)	가산세=[미이행 사업연도(과세기간)의 수입금액+그 사업연도(과세기간)에 출연받은 재산가액]×7/10,000
주1: 부동산의 경우는 MAX(장부가액, 보충적평가액)으로 평가	

5) 전용계좌 개설·사용의무(상증법 §50의 2)

◎ 공익법인은 직접공익목적사업과 관련하여 받거나 지급하는 수입과 지출이 있는 경우에는 직접공익목적사업용 전용계좌를 개설·사용하여야 한다. 다만, 상증령 제12조 제1호의 사업을 영위하는 공익법인(종교법인)은 제외한다.

여기서 전용계좌란 i) 공익법인의 공익목적사업의 용도로만 사용되는 것으로서 ii) 금융기관[23]에 개설한 계좌를 의미하며, 공익법인별로 둘 이상 개설할 수 있다.

◎ 전용계좌 사용의무 거래

- 직접공익목적사업과 관련된 수입과 지출을 금융기관을 통하여 결제하거나 결제받는 경우로서 다음의 경우를 포함한다.

■ 송금 및 계좌 간 자금 이체

■ 수표·어음으로 이루어진 거래대금의 지급 및 수취

■ 신용카드, 선불카드, 직불카드를 통하여 이루어진 거래대금의 지급 및 수취

- 기부금·출연금 또는 회비를 받는 경우: 다만, 현금으로 직접 받은 경우로서 기부금·출연금 또는 회비를 지급받는 날로부터 5일까지 전용계좌에 입금하는 경우는 제외함. 이 경우 기부금·출연금 또는 회비의 현금수입 명세를 작성하여 보관하여야 함.

- 인건비·임차료를 지급하는 경우

- 공익목적사업과 관련된 기부금·장학금·연구비·생활비 등을 지급하는 경우. 다만, 100만 원을 초과하는 경우로 한정한다.

- 수익용 또는 수익사업용 자산의 처분대금, 그 밖의 운용소득을 고유목적사업회계에 전입(현금 등 자금의 이전이 수반되는 경우에 한함)하는 경우

---

23 금융기관이란 「금융실명거래 및 비밀보장에 관한 법률」 제2조 제1호에 해당하는 금융기관을 의미한다.

◎ 전용계좌 외 거래명세서 작성 보관

- 전용계좌 사용 대상 거래가 아닌 경우 그 거래 일자, 거래상대방(확인이 가능한 경우에 한함) 및 거래금액 등을 기재한 전용계좌 외 거래명세서를 작성·보관하여야 한다. 이 경우 전산처리된 테이프 또는 디스크 등에 수록·보관하여 즉시 출력할 수 있는 상태에 둔 때에는 전용계좌 외 거래 명세서(상증법 시행규칙 별지 제29호 서식)를 작성하여 보관한 것으로 본다.

◎ 전용계좌 외 거래명세서 작성·보관 제외대상

- 「소득세법」 제160조의2 제2항 제3호 또는 제4호에 해당하는 증거서류를 갖춘 경우
- 거래 건당 금액(VAT 포함)이 1만 원('08. 12. 31.까지는 3만 원) 이하인 수입과 지출 등
- 증거서류를 받기 곤란한 거래 등으로서 「소득세법 시행령」 제208조의2 제1항 제2호부터 8호, 소득세법 시행규칙 제95조의2 제2호부터 제4호까지, 제7호, 제8호의2부터 제8호의6까지의 수입과 지출

◎ 전용계좌 개설, 변경 및 추가

- 공익법인은 최초로 공익법인에 해당하게 된 날부터 3개월 이내에 전용계좌 개설(변경·추가) 신고서를 납세지 관할 세무서장에게 신고하여야 하며, 전용계좌를 변경·추가하는 때에는 사유 발생일부터 1개월 이내에 납세지 관할 세무서장에게 신고하여야 한다.

◎ 의무위반 시 가산세(상증법 §78 ⑩)

- 전용계좌 사용의무 대상거래에 해당하는 경우로서 전용계좌를 사용하지 아니한 경우에는 전용계좌를 사용하지 아니한 금액의 1천분의 5
- 전용계좌를 개설·신고하지 아니한 경우 ⇒ MAX(ⅰ, ⅱ)
■ 개설·신고하지 아니한 사업연도의 직접공익목적사업과 관련한 수입금액(당해 공익법인 수입금액 총액에서 법인세가 과세되는 수익사업 관련 수입금액을 차감)의 1천분의

5에 상당하는 금액

■ 전용계좌 사용의무대상 거래금액 합계액의 1천분의 5에 상당하는 금액

◎ 적용 시기

전용계좌 개설·사용의무는 '08. 1. 1. 이후 최초로 지급받거나 지급하는 수입 또는
지출분부터 적용한다. 다만, 의무위반 시 가산세 규정은 2009. 1. 1. 이후 최초로 개
시하는 과세기간 또는 사업연도분부터 적용한다.

6) 결산서류 공시의무(상증법 §50의 3)

(1) 개요

자산총액 10억 원 이상이거나 수입금액과 해당 사업연도에 출연받은 재산의 합계액
이 5억 원 이상인 공익법인은 결산서류 등을 사업연도 종료일부터 4개월 이내에 국세청
의 인터넷 홈페이지에 게재하는 방법으로 공시하여야 한다.

① '14. 1. 1. 이후 개시하는 사업연도부터는 자산총액 5억 원 이상이거나 수입금액과
   출연재산의 합이 3억 원 이상인 공익법인이 공시대상으로 변경. 다만 상증령 제12
   조 제1호의 사업을 영위하는 공익법인(종교법인)은 제외함.
② 국세청에서는 공익법인이 결산서류 등을 공시할 수 있도록 결산서류 공시시스템을
   홈택스에 구축하여 운영 중(http://npoinfo.hometax.go.kr).

(2) 공시의무 제외대상 공익법인

① 결산서류 등의 공시대상 과세기간 또는 사업연도의 종료일 현재 대차대조표상 총
   자산가액(부동산인 경우 법 제60조, 법 제61조 및 법 제66조에 따라 평가한 가액이 대차대
   조표상의 가액보다 크면 그 평가한 가액)의 합계액이 10억 원 미만이면서 수입금액과
   출연받은 재산의 합계액이 5억 원 미만인 공익법인.

- '14. 1. 1. 이후 개시하는 사업연도부터는 자산가액 5억 원 미만이면서 수입금액
  과 출연재산의 합이 3억 원 미만인 공익법인으로 변경.
② 상증령 제12조 제1호의 사업을 영위하는 공익법인(종교법인).

(3) 자율 공시대상 공익법인

'14. 1. 1. 이후 개시하는 사업연도부터 다음 각호에 해당하는 공익법인은 자율적으로
결산서류 등을 공시할 수 있다.

① 결산서류 등의 공시대상 과세기간 또는 사업연도의 종료일 현재 대차대조표상 총
  자산가액(부동산인 경우 법 제60조, 법 제61조 및 법 제66조에 따라 평가한 가액이 대차대
  조표상의 가액보다 크면 그 평가한 가액)의 합계액이 5억 원 미만이면서 수입금액과 출
  연받은 재산의 합계액이 3억 원 미만인 공익법인.
② 상증령 제12조 제1호의 사업을 영위하는 공익법인(종교법인).

(4) 공시대상 결산서류 등

① 대차대조표, 손익계산서(손익계산서에 준하는 수지계산서 등을 포함)
② 기부금 모집 및 지출 내용
③ 해당 공익법인 등의 대표자·이사·출연자·소재지 및 목적사업에 관한 사항
④ 주식 관련 서류
  - 공익법인의 주식 등의 출연·취득·보유 및 처분사항
  - 공익법인에 주식 등을 출연한 자와 그 주식 등의 발행법인과의 관계
  - 주식 등의 보유로 인한 배당현황, 보유한 주식 등의 처분에 따른 수익 현황 등
⑤ 외부회계감사 대상 공익법인의 경우 감사보고서
⑥ 상증법 §50 ③에 따라 외부감사를 받는 공익법인 등의 경우에는 출연받은 재산의
  공익목적사용현황(2013.2.15 이후 최초로 개시하는 과세기간 또는 사업연도분부터 적용)

(5) 공시요구 및 오류시정요구 불이행 시 가산세 부과(상증법 §78 ⑪)

국세청장은 공익법인이 결산서류 등을 공시하지 아니하거나 그 공시내용에 오류가 있는 경우에는 해당 공익법인등에게 1개월 이내의 기간을 정하여 공시하도록 하거나 오류를 시정하도록 요구할 수 있다.

국세청장은 공시요구를 하거나 오류시정을 요구할 때에는 문서로 하여야 하며, 요구를 이행하지 아니하는 공익법인에 대해서는 가산세를 부과하고 해당 공익법인의 주무부 장관에게 관련 사실을 통보하여야 한다.

국세청장의 공시요구 또는 시정요구를 지정된 기한 이내에 이행하지 아니하는 경우 공시하여야 할 과세기간 또는 사업연도의 종료일 현재 해당 공익법인의 대차대조표상 자산총액(부동산인 경우 법 제60조, 법 제61조 및 법 제66조에 따라 평가한 가액이 대차대조표상의 가액보다 크면 그 평가한 가액을 말함)의 1천분의 5에 상당하는 금액을 가산세로 부과한다.

◎ 상증법상 공익법인의 경우에 공시의무가 있음
  - 공익법인등의 결산서류 등의 공시의무 규정은 「상속세 및 증여세법 시행령」 제12조 각호의 어느 하나에 해당하는 사업을 영위하는 공익법인 등의 경우에 적용되는 것임. (재산-1193, '09. 6. 17.)

◎ 보조금 관리에 관한 법률에 따른 국고보조금은 공시의무 여부 판단 시 제외
  - 결산서류 등의 공시의무가 없는 공익법인 등의 범위를 판단할 때 공익법인 등이 출연받은 재산가액에 「보조금 관리에 관한 법률」에 따라 지급받는 국고보조금은 포함하지 않음. (상증세과-177, '13. 6. 4.)

제4장

회계시스템의 유용성과 주요 회계프로세스

어느 조직에서나 상시적으로 사용되는 회계시스템이 효율적으로 설정되고 또 효과적으로 운영된다면 우수한 회계시스템은 해당 기업의 경영을 촉진하고 기업의 자산을 안전하게 보호하며 제공되는 재무제표의 신뢰성을 향상시킨다.

1. 회계시스템의 유용성

1) 비영리법인의 재무보고 신뢰성 향상

회계시스템이 부실한 조직의 경우, 작성된 재무제표의 신뢰성이 낮다. 왜냐하면, 재무제표의 작성과정이 명확하지 않으며 투명하지 않고, 관련 회계자료인 세금계산서, 지출결의서, 기말재고자산 실사 자료 등에 대한 증빙이 제대로 작성되지 않을 위험이 크기 때문이다.

그러나 회계시스템이 효율적으로 실시되는 조직의 경우에는 관련 자료에 대한 마감이 명확하며, 재고자산 등에 대한 실사 확인이 책임 있는 임직원에 의하여 수행되고, 경영진에 의하여 이중체크가 수행된다. 따라서 이렇게 회계 관리가 효율적으로 수행되는 비영리법인의 경우에는 재무제표를 포함한 재무정보의 신뢰성이 높다. 일반적으로 자산의 규모가 일정 수준(비영리법인 총자산 100억, 영리법인 총자산 120억) 이상이면 공인회계사에 의한 외부회계감사를 받게 된다. 외부회계감사를 받게 되면 조직의 내부통제제도에 대한 검토를 거치고 관련 입증 감사를 받게 된다. 통상적으로 금융기관이나 정부기관에서는 기업이나 조직의 신용평가 시 외부회계감사를 받은 재무제표와 외부회계감사를 받지 않은 재무제표 간의 신뢰수준 차이를 매우 크게 보고 있다.

2) 비영리법인의 자산 보호

우수한 회계시스템은 조직 내부의 내부정책 및 절차의 고의적인 위반 행위뿐만 아니라 비의도적으로 초래되는 자산의 손실을 막아준다. 만일 이러한 효율적인 회계시스템이 없다면 조직의 자산은 관리되지 못하고 방치될 것이다. 효과적인 회계시스템은 발생한 모든 거래를 발생 즉시 회계시스템에 기록하게 만들 것이다. 기록된 거래는 시간이 흐른 뒤에도 거래에 대한 히스토리 관리를 가능하게 하여 잘못을 수정하게 해준다.

그러나 회계시스템의 불비로 모든 거래가 적시에 기록되지 않을 경우에는 조직의 자원이 잘못 사용되거나 낭비될 것이며, 심한 경우에는 의도적인 유용의 대상이 되어 조직 발전에 큰 해(害)가 될 것이다. 이는 중소기업뿐만 아니라 큰 조직인 대기업 및 공공기관에 이르기까지 모든 조직에서 발견되는 사실이기도 하다. 잘 설계되고 운영되는 회계시스템은 기업의 유·무형자산과 인적자원을 안전하게 보호하는 데 효과적이다.

3) 비영리법인의 경영성과 향상

효과적인 회계시스템은 경영진이 구성원의 업무성과를 측정하고, 경영 의사 결정을 효과적으로 수행하도록 촉진하며, 업무 프로세스를 평가하고, 위험을 관리하는 데 기여함으로써 회사의 목표를 효율적으로 달성하고 위험을 관리 또는 회피할 수 있도록 한다.

효율적으로 수립된 회계시스템은 개인적인 부주의, 태만, 판단상의 착오 또는 불분명한 지시에 의해 야기된 문제점들을 신속하게 포착함으로써 조직이 시의적절한 대응조치를 취할 수 있게 함으로써 비영리법인의 경영성과를 향상시켜준다.

4) 구성원의 사기 진작

회계시스템이 건실하게 구축된 비영리법인의 경우 의사소통이 원활하여 구성원의 사기가 높다. 왜냐하면, 회계시스템이 건실하게 설계되고 효과적으로 운영되기 위해서는 원활한 의사소통을 위하여 정보의 공개가 이루어져야 하며, 이러한 정보의 공개는 비영리법인의 투명성을 높여 구성원의 사기를 높여주기 때문이다.

　구성원의 불만과 불만족은 자신이 이해하지 못하는 조직의 운영과 불합리한 인사정책 등에 기인하는 바가 크기 때문이다. 마이크로소프트사의 빌 게이츠 회장은 기업 내의 정보 공개에 대하여 매우 긍정적으로 평가하였다. 그는 사내 정보 공개에 의한 의사소통 활성화에 의한 이익은 정보 공개로 초래되는 회사의 불이익보다 이점이 훨씬 크다고 그의 저서 『생각의 속도』에서 강조하였다.[24] 그럼에도 불구하고 현실은 정보의 공개에 대해서 많은 경영자가 선뜻 나서지 못하고 있다. 경영정보나 급여정보, 복지정보를 공개할 경우 그에 대한 불만이나 새로운 요구사항에 직면할 것을 우려하기 때문이다. 그러나 많은 정보를 공개하고도 세계적으로 앞서 나가는 회사들의 예는 주위에서 충분히 찾아볼 수 있음도 참고하여야 할 것이다.

---

24 『빌 게이츠@생각의 속도』, pp. 301~303, 빌 게이츠 지음, 이규행 감역, 안진환 역, 청림출판, 1999.

2. 주요 회계프로세스

오늘날 모든 조직에서는 회계시스템을 구축하여 실행하고 있다. 많은 조직에서 우수한 회계시스템을 구축함으로써 큰 효과를 보고 있음도 사실이다. 회계시스템은 크게 플로우(Flow) 사이클과 스톡(Stock) 사이클로 구분할 수 있다.

플로우 사이클은 가치유입 사이클과 가치유출 사이클로 구분할 수 있으며 가치유입 사이클에는 수입 사이클이 있고, 가치유출 사이클에는 구매 사이클, 급여지급 사이클, 투자 사이클, 영리제조업의 경우에는 제조 사이클 등이 있다. 스톡 사이클은 자산 사이클, 부채 사이클, 자본 사이클로 구분할 수 있다. 먼저 플로우 사이클 중 수입 사이클(매출 사이클)에 대해 살펴보면 다음과 같다.

1) 수입 사이클 - 가치유입 사이클

비영리법인의 수입 사이클(Revenue cycle)은 후원금 수입과 회비 수입 또는 수익사업 등의 활동으로부터 발생하는 현금을 회수하는 활동을 말한다. 즉 외부로부터 가치가 유입되는 중요한 과정이며 수입 사이클은 크게 비영리 부문과 수익부문으로 구분할 수 있다. 비영리 부문은 후원금 수입과 회비 등 수입이 있으며, 비영리 부문의 수익사업은 임대업과 고유목적 관련한 수익사업으로 통상적으로 그 규모가 작다.

수입금액은 모두 통장을 통해서만 입금되도록 하여야 한다. 불가피하게 현금으로 후원을 받았을 경우에는 그에 대한 내부통제절차를 수립하여야 한다. 모금함 등에 의한 후원은 다음의 절차를 따르도록 한다.

① 모금함은 모금 종료 후 즉시 2인 이상의 입회하에 매일 개봉하여 잔액을 확정한다.

② 잔액이 확정되었으면 모금함 개봉에 참여한 사람이 잔액확인서에 공동 서명 날인 하도록 한다.

③ 확정된 잔액은 익일 비영리법인의 통장에 입금되도록 한다.

④ 잔액확인서는 비영리법인의 사무국에 제출한다.

⑤ 수입거래의 통제와 관리

 - 법인의 사무국은 잔액확인서와 통장상의 입금액이 일치하는지 확인하고 수입원장 (Sales journal)에 수입거래로 기록한다. 이때 후원금 영수증 1부는 고객에게 보내지고, 1부는 고객의 확인을 받아 편철되고 있는지 검토한다.

⑥ 현금의 수령

2) 지출 사이클 - 사업비 및 일반관리비

지출 사이클은 비영리법인이 지출해야 하는 목적사업비, 물품의 구매 및 인건비를 포함한 각종 비용의 지급과 관련하여 이루어지는 법인의 활동을 말한다. 비영리법인의 경우 수입 사이클도 중요하지만, 지출 사이클이 더 중요하다고 할 수 있다. 왜냐하면, 수입 사이클의 경우 그 흐름의 통로가 복잡하지 않고 단순하다. 그러나 지출 사이클은 비영리법인이 본래의 목적사업 가치를 창출하기 위한 것으로 그 수행방법과 지출의 형태가 매우 다양하게 발생하여 정형화가 쉽지 않기 때문에 효율적이고 효과적인 지출 사이클을 설정하는 것이 꼭 필요하기 때문이다. 지출에는 항상 외부 증빙이 첨부되어야 한다. 외부증빙을 갖추기가 불가능할 경우에는 그에 대한 상황을 이해하고 입증할 수 있는 내부증빙을 구비해야 한다. 다음은 사업에 필요한 물품을 구매할 경우의 절차에 대한 예시이다.

(1) 필요 사업에 필요한 물품의 조달

정상적인 목적사업 활동에 필요한 자원을 공급받기 위한 구매 활동은 먼저 필요로 하는 자원에 대한 수급정보가 필요하다. 이러한 정보를 바탕으로 현업 부서에서는 필요한 자원에 대한 구매 결정을 하게 된다. 현업부서에서는 구매요청서를 3부 작성하여 1부는 보관하고, 1부는 구매부서에, 1부는 지급결의부서에 보내어 구활동이 시작되는지 검토한다.

ERP 시스템이 구축된 조직의 경우에는 내부통제의 많은 부분이 시스템적으로 수행되지만, 사람의 판단이 필요한 부분에 대해서는 관련 통제 절차가 수행되어야 한다. 예를 들어, 현업부서의 구매요청이 꼭 필요한 구매인지 여부에 대한 검토나 특정거래처에서 장기적으로 구매하는 경우, 구매의 타당성이 유사 구매와 비교하여 검토되어야 한다.

(2) 구매주문서의 작성

구매부서는 승인된 구매요청서를 바탕으로 품질과 가격조건을 감안하여 공급자를 선정하고 구매주문서를 5부 작성하여 1부는 보관하고, 1부는 공급자에게, 1부는 검수부서에, 1부는 지급결의부서에, 1부는 물류부서에 보내는지 검토한다. 조달되는 자원에 대한 품질과 가격 검토가 과학적이고 합리적으로 구매부서에서 수행되는지 검토한다. 일부 구입처에서 습관적으로 장기간 구매되고 있지는 않은지, 조달되는 자원에 대한 경쟁가격 검토 정책이 정기적으로 수행되는지 감사한다.

구매주문서와 관련한 적발 감사 수행 절차는 다음과 같다.

① 검토하고자 하는 기간의 구매주문서에서 표본 수 계산 방법에 따라 표본을 추출한다.
② 사전 승인된 구매거래처인지 확인한다.
③ 구매된 자산의 유입가치가 유출가치를 초과하는지 거래 표본 추출된 건별로 거래 부등식을 확인한다.
④ 차이가 나는 거래에 대하여 차이를 요약하고, 차이 발생에 대한 패턴을 추정하며, 그에 대한 감사 확대 여부를 검토한다.

(3) 물품의 검수

검수부서는 수령된 물품이 구매주문서와 일치하는지 수량과 품질을 검수하고 3부의 검수보고서를 작성하여 1부는 보관하고, 1부는 물류부서에, 1부는 지급결의부서에 보내는지 검토한다. 검수 시 비교하는 구매주문서에는 수량이 표시되지 않도록 하여 검수가 철저히 이루어지도록 한다.

물품의 검수와 관련된 적발 감사 절차는 다음과 같다.

① 검수보고서철(경우에 따라 구입거래명세표철, 재고수불부)에서 표본 수 계산 방법에 따라 무작위로 표본을 추출한다.
② 검수 시 비교하는 구매주문서에 수량이 표시되지 않았는지 확인한다.
③ 검수된 재고가 입고전표에 빠짐없이 기록되었는지 확인한다.
④ 검수보고서에 담당자와 상위 결재권자의 승인이 있는지 확인한다.
⑤ 검수 시 구매처별 패턴이 있는지 확인한다. 즉, 적시조달률, 반품률, 품질의 우수율 등에 대하여 확인하여 타 거래처와 차이가 많은 거래처를 구분한다.
⑥ 표본조사 후 차이 내역을 거래처별로 집계한다.

(4) 매입채무이 기록과 지급

지급결의부서는 현업부서로부터의 구매요청서, 구매부서의 구매주문서, 검수부서의 검수보고서, 공급자로부터의 세금계산서의 상호 일치 여부를 확인하고 이를 바탕으로 지급결의서를 작성하는지 검토한다.

자금부서는 승인된 지급결의서철을 수령한 다음 세부 문서내역을 비교 검증한 뒤 수표 또는 온라인으로 지급되고 있는지 감사한다. 모든 대금지급은 통장을 통하여 지급되도록 한다. 지출된 결의서철에는 '지급필' 도장을 표시하여 이중지급이 되지 않도록 하고 있는지 검토한다.

자금담당자가 인터넷 자금이체제도를 이용하는 경우 건별 또는 일자별로 승인을 득한 후 이체하도록 하고 통장별, 은행별 잔액을 확인하여 자금 대장을 작성하는지 검토한다. 은행 계정 조정표는 매월 말일에 작성하는지 반드시 검토한다.

매입채무의 기록과 지급에 대한 적발 감사 절차는 다음과 같다.

① 매입채무 원장에서 표본 수 계산방법에 따라 표본을 추출한다.

② 지급된 매입채무에 대한 관련 증빙(구매요청서, 검수보고서, 청구서)이 모두 구비되어 있는지 확인한다.

③ 매입채무가 회사의 구매에 대한 자금 정책에 따라 지급되었는지 확인하고, 조기 지급되었을 경우 그 이유를 검토한다.

④ 동일한 금액이 이중으로 지급되었을 경우 동일 건에 대해 이중지급 여부를 확인한다.

⑤ 차이 내용을 요약하고 거래처별 또는 담당자별로 패턴을 보이는지 확인한다.

3) 지출 사이클 - 급여

급여지급거래는 매스미디어에서 종종 언급되듯이 오류와 부정의 위험이 상존하는 거래다. 급여지급거래는 일정한 급여를 지급하는 조건으로 임직원을 채용함으로써 출발한다. 임직원의 채용으로 회사는 인적 서비스를 제공하는 사람을 획득하는 것이 되며, 서비스의 대가로 일정한 금액을 지급해야 하는 의무가 발생한다. 급여지급거래는 비영리법인 활동 측면에서 중요하게 인식되고 있는데, 그 이유는 다음과 같다.

첫째로, 비영리법인에서 급여 등 인건비는 거액의 지출항목이다. 더구나 21세기 들어 지적 재산의 중요성이 증가함에 따라 지적 재산을 구성하는 주요 부분인 인건비의 규모가 증가하고 있으며, 창조성을 가진 인적 자본의 중요성이 증대되고 있다.

둘째로, 비영리법의 경우에 인건비는 순수하게 목적사업을 위한 인건비와 목적사업외의 일반관리나 수익사업을 위한 인건비로 구분할 수 있다. 일부 비영리법인의 경우 당초 법인 설립목적인 고유목적사업은 하지 못하고 엉뚱한 일반관리에 법인의 인적 자원을 낭비하는 경우가 많은바 조직설립목적에 맞게 인건비가 지급되도록 하여야 한다.

셋째로, 인건비는 급여계정뿐만 아니라 상여금, 시간외수당, 휴가비, 복리후생비, 퇴직금, 연금, 보험료 등 여러 가지 계정과목에 큰 영향을 미치는바 이에 대한 관리가 중요하다.

4) 스톡(Stock) 사이클

비영리법인의 관리 사이클은 앞서 설명한 바와 같이 수입 사이클, 지출 사이클_사업비 및 일반관리비, 지출 사이클_급여로 나눌 수 있으며 여기에 스톡 사이클을 추가할 수 있다. 스톡 사이클은 자산, 부채, 기본자산 사이클로 구분할 수 있다. 스톡 사이클은 기초 스톡에서 출발하여 플로우(Flow) 사이클인 유입 사이클과 유출 사이클을 거쳐 기말 스톡을 구성한다. 스톡 사이클은 다음의 그림으로 설명할 수 있다. 기초의 재무상태에서 출발하여 기중의 수많은 거래를 거친 후에 기말의 재무상태에 도달한다.

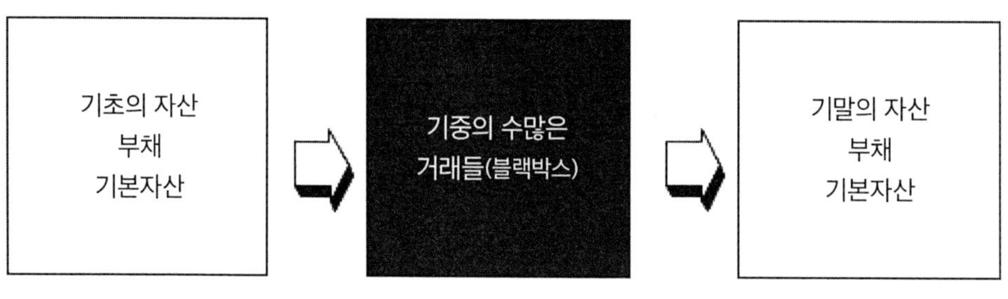

[그림 4] 스톡(Stock) 사이클

비영리법인의 경우 기중에는 블랙박스라고 불릴 정도로 무수히 많은 현금예금의 수입과 지출, 자산과 자산 간의 교환, 자산과 부채의 교환, 자산과 비용의 교환, 자산과 수익의 교환, 부채와 비용의 교환 등이 매우 복잡하게 발생한다. 이러한 교환들은 플로우 사이클에서 충분히 검토된다. 기말 스톡의 실재성에 대해서는 철저한 재고 실사와 외부조회가 수행되어야 한다. 기말 스톡에 대한 실재성 확인은 플로우 사이클과 스톡 사이클의 완전성을 담보하는 중요한 과정이다. 비영리법인의 경우에는 영리법인과는 달리 재고자산의 중요성은 거의 없는 경우가 일반적이지만 비영리법인의 현금예금에 대한 기말실사와 기중 관리는 영리법인보다 더 중요하다고 할 수 있다.

기중에 발생하는 수많은 거래는 오늘날 전산시스템에 입력되어 처리되고 있다. 전산시스템이 없었더라면 오늘날의 복잡하고 무수히 많은 거래를 집계할 수 없었을 것이다. 이렇게 전산회계 시스템은 기업과 조직경영에 없어서는 안 될 필수불가결한 요소가 되었다.

반면에 오늘날의 전산시스템은 너무 복잡하여 기업의 소수 사람들을 제외하고는 전체적인 흐름을 이해할 수 없을 정도의 복잡계[25]의 하나가 되어버렸다. 복잡계가 되어버린 오늘날의 전산시스템은 사용자와의 사이에 정보의 비대칭[26]을 유발하고 있다. 따라서 이러한 정보의 비대칭을 해소하여 정보이용자의 이해 가능성을 재고할 수 있는 방법이 모색되어야 한다. 특히나 비영리법인의 경우 최고경영층이 대부분 비상근이고 그 임기가 자주 변동되는 비영리조직에 있어서는 이러한 정보의 비대칭을 상시적으로 해소할 수 있는 시스템을 갖추는 것이 매우 중요하다고 할 수 있다. 비영리법인의 예산관리 제도는 정보의 비대칭을 해소하는 하나의 방법이라고 할 수 있다.

---

25 복잡계(Complex system): 단순한 질서도 없고, 또한 너무 복잡하여 무질서한 것도 아니고 복잡하지만 독특한 질서를 보이는 시스템을 '복잡계'라고 한다. 좀 더 엄밀하게 정의하면 복잡계란 중간 정도 이상의 요소를 내부에 포함하고, 그러한 요소가 국소적인 정보에 기초하여 동적인 상호작용을 함으로써 내부에 다양한 부분 시스템이 생성되어 있는 시스템이다. - 『21세기 정치학대사전』.

26 정보의 비대칭: 주인-대리인 관계에서 대리인이 주인보다 관련 사안에 대해 더 다양한 지식과 정보를 가진 상황 등을 말한다. 위임자와 대리인은 각각 자신의 효용과 이익을 극대화하려고 하기 때문에 상충되는 이해관계를 가지며, 대리인이 위임자보다 특정한 과업에 대해 더 다양한 지식과 능력을 갖추게 되는 정보의 비대칭성 때문에 주인이 자신의 이익을 충분하게 확보하지 못하는 대리인 문제(Agency problem)가 발생한다. 정보의 비대칭으로 '역선택(逆選擇, Adverse selection)'과 '도덕적 해이(道德的 解弛, Moral hazard)' 현상이 나타나게 된다. - 『행정학 사전』.

제5장

비영리법인의 회계시스템 구축 실무

1. 회계시스템의 구축

비영리조직의 회계시스템을 구축하기 위해서는 회계프로그램(ERP 시스템)의 도입과 이를 운용할 수 있는 인력이 필요하다. 이를 위해 다음과 같은 절차가 진행되어야 한다.

1) 회계프로그램의 선택

우선 적절한 ERP 프로그램의 선택이다. ERP 프로그램은 직접 구축할 수도 있지만, 비영리법인의 규모가 그리 크지 않고 수행하는 업무의 복잡도가 높지 않다면 범용프로그램으로 시작할 수 있다.

비영리법인의 회계시스템을 효율적으로 구축하기 위해서는 회계프로세스에 대한 이해, 비영리법인의 회계와 세무에 대한 이해가 필요하다. 그러나 이러한 모든 것은 이러한 제도를 뒷받침해줄 수 있는 ERP(회계) 시스템이 있어야 작동한다는 것이다. 영리법인의 경우에도 ERP(회계) 시스템을 구축하는 데 큰 비용과 노력을 투입하고 있지만, 만족할 만한 성과를 얻기 위해서는 수많은 난관을 이겨내야 한다. 비영리법인의 경우에도 만족할 만한 ERP(회계) 시스템을 갖추기 위해서는 마찬가지이다.

그래도 다행스러운 점은 요즘에는 온라인 ERP(회계) 시스템이 보편화되어 있어 큰 투자 없이도 비영리법인의 회계시스템 구축에 사용할 수 있는 훌륭한 시스템이 많아졌다는 것이다. 본서에서는 그러한 시스템 중 이카운트 ERP(회계) 시스템과 협약을 맺고 이카운트 시스템을 중심으로 설명한다. 이카운트 시스템의 장점 중 하나는 온라인 베이스의 프로그램으로 국내 지점이 많거나 해외 지점이 많은 비영리법인의 경우에도 현장

코드 관리를 통하여 제한 없이 장소에 구애받지 않고 같이 사용할 수 있다는 것이다. 그리고 실무자뿐만 아니라 관리자를 포함한 경영층도 일정한 접근 권한을 부여하면 수시로 프로그램에 연결하여 수입이나 지출, 예산집행 현황 등을 확인할 수 있다.

2) 적합한 회계구조의 설계

회계시스템을 구축하기 위해서는 먼저 해당 비영리법인에 적합한 회계구조를 설계하여야 한다. 통상적으로 수입계정은 비영리법인별로 큰 차이가 없기 때문에 큰 어려움 없이 구축할 수 있다. 반면에 지출계정은 법인별로 고유한 업무 성격으로 인하여 그에 맞는 구조를 설계하여야 한다.

이를 위해서는 해당 법인의 업무에 대한 분석이 필수적이다. 이렇게 회계구조가 설계되면 기초자료 등록과 사용할 회계 계정의 확정 그리고 거래처의 등록이 필요하다. 우선은 조직에서 사용하는 회계 계정과목 설정과 거래처와 통장계좌에 대한 코드 등록이다. 이렇게 계정과목과 코드가 기초 작업으로 등록되었으면 기초 잔액을 입력하고 본격적으로 모든 자료를 입력할 수 있다.

일부 비영리법인의 경우에는 정부에서 사용하는 관·항·목·세목·세세목 분류에 너무 집착하여 회계구조를 설계하려다 보니 본의 아니게 어려움을 겪는 경우가 많다. 관·항·목 분류는 정부처럼 거대 예산조직의 경우에나 사용하는 것으로 규모가 작은 비영리법인의 경우에는 크게 유의할 필요가 없다. 앞으로의 비영리법인 회계처리를 위해서는 우리나라 회계기준원에서 2017년에 제정한 '비영리조직 회계기준'과 기획재정부에서 2018년 제정한 '공익법인 회계기준'을 참조하면 된다. 두 기준은 본서의 별첨 자료로 첨부하였다. 다만, 일부 정부기관의 위·수탁 업무를 수행할 경우에는 관·항·목 분류를 따를 필요가 있다. 이 경우에는 회계시스템을 조정해줄 필요가 있다. 다음은 서울시의 시립청소년시설 예산편성 기준의 일부 예이다.

◎ 세출예산은 그 내용의 성질과 기능을 고려하여 관·항·목으로 구분하여 편성 [붙임3]

◎ 관·항·목간에는 예산을 전용할 수 있으나, 항간의 전용은 시장의 승인을 사전에 얻어야 하며, 전용한 경비의 금액은 세입·세출 결산서에 이를 명시하고, 그 사유를 기재하여야 함.

상기와 같이 정부기관에서 요구하는 경우 외에는 관·항·목 분류를 따를 필요가 없다. 다음은 한 비영리법인의 수입계정 조정 절차의 한 예이다.

(1) 수입계정 구조 설계

비영리법인의 회계 구조는 영리법인과는 달리 그 구조가 크게 복잡하지 않아 크게 수입계정과 지출계정으로 구분할 수 있다. 수입계정 구조설계는 다음과 같이 설정할 수 있다.

<표 8> 수입계정 조정 - Chart Of Accounts

COA_IS	조정	COA_SHOULD BE
수입합계 　회비 　　정회원 　　일반회원 　　단체회원 　후원금 　　해외아동후원 　　온라인모금 　　긴급구호 　국내사업 　　ABC사업 　인도적지원사업 　　국제개발협력민간협의회(KCOC) 　　사회복지공동모금회 　선천성안면기형수술사업 　　인도차이나 　　　사회복지공동모금회 　　　하나금융재단 　　　지에스폼스쿨 　　　민지금불 　해외지부 　　캄보디아 　　　한국국제협력단(KOICA) 　　방글라데시 　　　한국국제협력단(KOICA) 　　네팔 　　　삼성꿈장학재단 　　러바논 　　　한국국제협력단(KOICA) 　　모로코 　　　한국국제협력단(KOICA) 　해외기타 　　ODA청년인턴 　　　한국국제협력단(KOICA) 　　월드프랜즈봉사단 　　　국제개발협력민간협의회	수익금의 각 성격에 따라 고유목적사업수익으로 분류함	사업수익 　고유목적사업수익 　　회비수익 　　　정회원 　　　일반회원 　　　단체회원 　　　ABC사업 　　후원금수익 　　　해외아동후원 　　　온라인모금 　　　긴급구호 　　보조금수익 　　인도적지원사업수익 　　　국제개발협력민간협의회(KCOC) 　　　사회복지공동모금회 　　선천성안면기형수술사업수익 　　　사회복지공동모금회 　　　하나금융재단 　　　지에스폼스쿨 　　　민지금불 　　해외지부사업수익 　　　한국국제협력단(KOICA)_캄보디아 　　　한국국제협력단(KOICA)_방글라데시 　　　한국국제협력단(KOICA)_와바논 　　　한국국제협력단(KOICA)_모로코 　　　삼성꿈장학재단_네팔 　　해외기타사업수익 　　　한국국제협력단(KOICA)_ODA청년인턴 　　　국제개발협력민간협의회(KCOC)_월드프랜즈 　수익사업수익
잡수입 　예금이자 　기타잡수입	사업외수익으로 계정 재분류 집계함	
이월금 　전년도이월금	당기의수익이 아니므로 제외함	

수정의 주요 내용은 장소별로 분류하였던 계정을 목적사업별로 재분류하였고, 수입에 계상하였던 이월금을 수입에서 제외하였으며 사업수익이 아닌 예금이자 등을 사업외수익으로 재분류하였다.

(2) 지출계정 구조 설계

비영리법인의 지출계정 구조설계는 다음과 같이 설정할 수 있다.

<표 9> 비용계정 조정 - Chart Of Accounts

COA_IS	조정	COA_SHOULD BE

4052 국내사업
4055 Every Child HAHAHA
4058 Every Child HAHAHA
4059
4061 Every Child HAHAHA
4064 인도적지출사업
4067 인도적지출사업
4069
4070 인도적지출사업
4073 국제개발협력 민간협의회(KCOC)
4076 사회복지공동모금회
4079 선천성안면기형수술사업
4082 인도차이나
4085 사회복지공동모금회
4088 사회복지공동모금회
4091 하나금융나눔재단
4094 하나금융나눔재단
4097 지에스홈쇼핑
4100 지에스홈쇼핑
4103 임지름편
4106 임지름편
4109 향도지부
4112 캄보디아
41145 모바일보건의 구축 및 확대
4115 한국국제협력단(KOICA)
4118 한국국제협력단(KOICA)
4119 총력재습
4121 방글라데시
4124 한국국제협력단(KOICA)
4127 한국국제협력단(KOICA)
4130 네팔
4133 삼성생명장학재단
4136 삼성생명장학재단
4139 태마노
4142 한국국제협력단(KOICA)
4145 한국국제협력단(KOICA)
4148 모로코
4151 한국국제협력단(KOICA)
4154 한국국제협력단(KOICA)
4157 향도기타
4160 ODA청년인턴
4163 한국국제협력단(KOICA)
4166 한국국제협력단(KOICA)
4169 볼로프램프봉사단
4172 국제개발협력 민간협의회(KCOC)
4175 국제개발협력 민간협의회(KCOC)
	비용의 성격에 따라 고유목적사업비용과 일반관리비로 분류함	사업비용
		  고유목적사업비용
		    사업수행비용
		      인도적지원사업
		        필리핀T-클로논사업
		        아이티클러라사업
		      임지통합선천성안면기형수술사업
		        베트남사업
		        라오스사업
		        미얀마사업
		        현지의료인력양수사업
		     해외지부사업
		        베트남지원사업
		        캄보디아아동수취생사업
		        방글라데시프건시스템개발사업
		        세컬탄센드서관사업
		        모로코사업
		        레바논저소득층지원사업
		     해외기타사업
		        ODA청년인턴사업
		        필로뜨빈프사업
		     국내사업
		        지역아동센터검진및질병계단
		        유스겐자포슴치료
		        협력인력관리
		        스외적합킨트
		  모금및홍보비용
		    모금활동비
		    홍보사업비
		    회원관리비
		  일반관리비용
		    급여및상여금
		    퇴직급여
		    복리후생비
		    회의비
		    여비교통비
		    소모품비
		    수선비
		    지급수수료
		    통신비
		    노트프
		    교육훈련비
		    잡비
		사업외비용

사업수익 원천별로 분류하였던 사업비 지출 계정을 목적사업에 따라 간명하게 재분류하였다. 비영리법인에서 일반적으로 빈번하게 발생하는 어려움은 지출된 비용을 너무 상세하게 분류하려는 것이다. 그러나 회계의 기본 목적인 '빠짐없이 제때에 기록'이라는 측면에서 볼 때 목적별로 크게 분류하는 것이 합리적이다. 그리고 빠짐없이 기록만 되어있다면 필요한 정보는 추후에라도 충분히 얻을 수 있다.

3) 이카운트 프로그램 사용법

다음은 이카운트 회계프로그램의 사용에 관한 것이다.

(1) 프로그램의 구동

이카운트 프로그램에서 계정과목의 등록은 다음과 같다.

도메인 주소 https://www.ecount.co.kr 에서 가입하고 사용할 수 있으며 가입 후 회계1의 처음 메인화면은 다음과 같으며, 상단의 메뉴바를 통하여 작업을 진행한다.

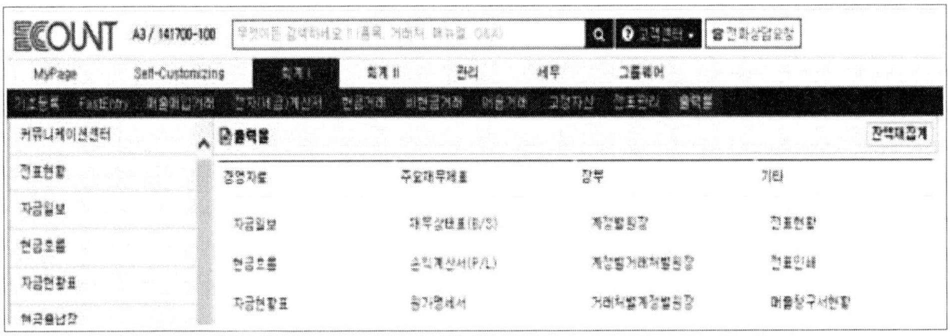

[그림 5] 이카운트 회계1 초기화면

재무상태표는 영리법인이든 비영리법인이든 사용하는 계정이 유사한바, 이카운트 프로그램에 이미 설정된 재무상태표 계정을 사용하면 된다.

운영성과보고서(손익계산서)의 경우도 다음의 과정을 숙지하게 되면 어떤 비영리조직이라 하더라도 재무제표의 기본인 손익계산서(운영성과보고서)를 작성할 수 있게 된다.

운영성과보고서(손익계산서)는 비영리법인별로 다를 수 있다. 수입 계정 중 개별 비영리법인에 고유하게 사용하는 계정과목을 설정하는 것이 필요하며 다음과 같이 설정한다.

(2) 계정코드등록

메뉴를 이용하여 비영리회사에서 사용하는 계정에 맞게 등록을 할 수 있다.

매뉴얼에서는 기본계정 그대로 두고, 아래와 같이 수입과 지출계정을 등록해서 예시를 들어보면 다음과 같다. 통상 사용하는 관, 항, 목은 편의상 대분류, 중분류, 세분류로 이해하여도 상관없다. 그리고 재무제표에 표시되는 기본 계정은 세분류의 과목명이 표시된다.

계정코드를 만들 때는 차후 추가할 수 있으므로 여유를 두고 계정코드를 부여하는 것이 좋다(예: 4100 - 사업비, 4200 - 일반관리비, 4300 - 전출금).

① 계정코드등록방법

◎ 수입 계정을 등록할 경우

앞에서 예시를 들었던 수입계정의 등록은 다음과 같이 진행된다.

- 회계1 → 기초등록 → 계정코드등록 → 회비 계정 옆의 [추가] 버튼 클릭
    - 하위 계정의 설정은 바로 해당 계정을 집계하는 차상위계정에서 추가 버튼을 클릭하면 신규 계정이 만들어진다. 계정 등록 후, 설정이 제대로 되었는지 확인은 회계1 → 출력물 → 사용자정의보고서에서 보고서를 등록해서 확인 가능하다.
- 회비 계정 옆의 [추가] 버튼을 클릭하면, [그림 6]과 같이 계정코드등록 화면이 나타난다. 화면의 각 항목은 다음과 같다.
    - 계정코드: 8자리가 한도 내에서 자동으로 부여되며 임의로도 등록 가능하다(예: 0001). 가급적 자동부여 기능을 이용한다.
    - 계정명: 전표 입력/조회 시 사용할 명칭을 입력한다(예: 지원비수입).
    - 대차구분: 대변으로 표기(수입계정은 대변, 지출계정은 차변)

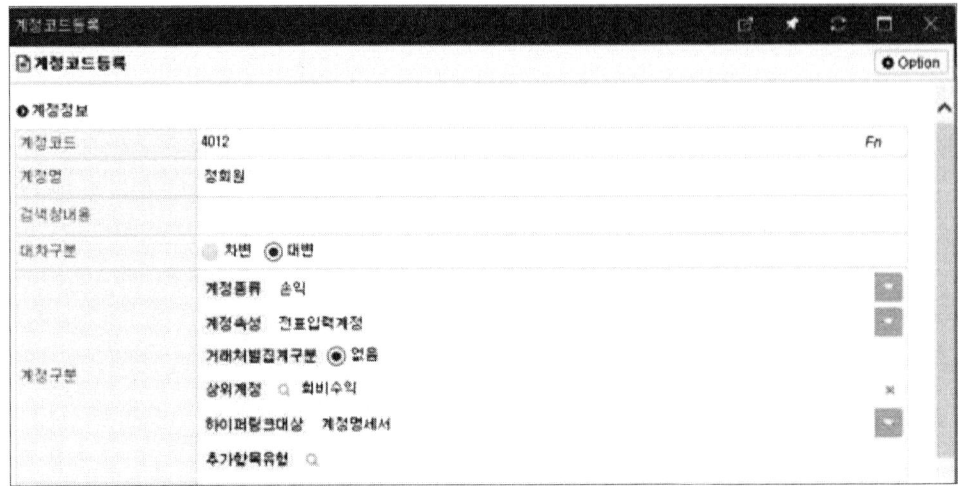

[그림 6] 수입계정 중 정회원 계정 설정

- 표시방법1 - 표시명: 재무제표에 표시할 명칭을 입력한다(예: 지원비수입).

- 표시방법1 - 표시 여부: 재무제표에 해당 계정이 나타나게 할지를 선택한다(예: 표시).

- 표시방법1-표시순서 : 재무제표에 해당 계정이 표기되는 순서를 의미한다[예: 00010(계정코드 뒤에 0을 붙임)].

- [그림 기은 수입계정 등록이 완료된 화면이다.

  화면에서 보듯이 하위 계정의 설정은 바로 해당 계정을 집계하는 계정에서 추가하면 된다. 이는 비용 계정 역시 마찬가지이다.

⬧ **[4007] 고유목적사업수익**	추가	대변	손익	해당없음		
⬧ **[4010] 회비수익**	추가	대변	손익	해당없음		
[4012] 정회원		대변	손익	해당없음	Yes	등록
[4013] 일반회원		대변	손익	해당없음	Yes	등록
[4014] 단체회원 ·		대변	손익	해당없음	Yes	등록
⬧ **[4020] 후원금수익**	추가	대변	손익	해당없음		
[4021] 해외아동후원		대변	손익	해당없음	Yes	등록

[그림 7] 정회원 계정 완료 후

◎ 지출 계정을 등록할 경우

- 회계1 → 기초등록 → 계정코드등록 → 4001 손익 계정 옆의 [추가] 버튼을 클릭한다. 수입계정에서 설명한 바와 같이 집계 계정의 추가를 클릭하면 하위 계정을 만들 수 있다. 화면의 각 항목은 다음과 같다.

  ■ 계정코드: 8자리가 한도 내에서 자동으로 코드가 부여되며, 임의로도 등록 가능하다(예: 4100. 가급적 자동부여 코드를 사용하는 것이 좋다).

  ■ 계정명: 전표 입력/조회 시 사용할 명칭을 입력한다(예: 사업비).

  ■ 대차구분: 차변으로 표기(수입계정은 대변, 지출계정은 차변)

  ■ 표시방법1 - 표시명: 재무제표에 표시할 명칭을 입력한다(예: 사업비).

  ■ 표시방법1 - 표시 여부: 재무제표에 해당 계정이 표시되게 할지를 선택한다(예: 표시).

  ■ 표시방법1 - 표시순서: 재무제표에 해당 계정이 표기되는 순서를 의미한다[예: 41000(계정코드 뒤에 0을 붙임)].

- 이번에는, 사업비용 옆에 [추가] 버튼을 클릭해서 사업비의 하위계정인 고유목적사업비(4305)을 등록할 수 있다. 그리고 고유목적사업비 옆의 [추가] 버튼을 클릭하여 인도적지원사업비(4610)를 등록할 수 있다. 그리고 인도적지원사업비의 옆의 [추가] 버튼을 클릭하여 하위 게정을 등록할 수 있다. 이저림 계정은 세난식으로 마음대로 설정할 수 있다.

- [그림 8]은 지출계정 등록이 완료된 화면이다.

◢ **[4300] 사업비용**	추가	차변	손익	해당없음		
◢ **[4305] 고유목적사업비**	추가	차변	손익	해당없음		
◢ **[4310] 인도적지원사업비**	추가	차변	손익	해당없음		
[4311] 필리핀 타클로반 재난위험경감사업		차변	손익	해당없음	Yes	등록
[4312] 아이티 콜레라 재난위험경감사업		차변	손익	해당없음	Yes	등록
[4313] 긴급구호		차변	손익	해당없음	Yes	등록

[그림 8] 사업비 하위계정 완료 후

앞과 같은 방법으로 4310 인도적지원사업비용은 입력 구분이 [집계계정], 4311 계정과 4312, 4313 계정은 입력구분이 [전표발생계정]으로 설정되어 있다. 그림에서 보듯이 계정 옆에 [추가] 버튼이 있는 계정은 집계 계정이며 [추가] 버튼이 없는 계정은 전표입력 계정이다. 전표입력 계정은 실제 발생한 거래 내용이 입력되는 계정이며 나머지 집계 계정들은 하위 계정들을 집계하는 역할을 수행한다.

위와 같은 과정을 거쳐 수입계정과 지출계정의 중요한 부분이 완성된다. 아직 완벽하다고는 할 수 없지만, 상기 과정을 숙지하게 되면 어떤 비영리조직이라 하더라도 재무제표의 기본인 손익계산서인 운영성과표를 작성할 수 있게 되는 것이다. 그리고 재무제표 중 재무상태표는 영리법인이든 비영리법인이든 사용하는 계정이 유사함으로 이카운트 프로그램에 이미 설정되어 있는 재무상태표 계정을 사용하면 된다.

② 단식부기를 복식부기로의 변환

기존에 작성되었던 단식부기를 복식부기로의 전환은 이카운트 시스템을 사용한다면 쉽게 전환할 수 있다. 이는 절을 달리하여 설명한다.

단식부기를 복식부기로의 변환은 이카운트 프로그램을 이용하여 다음과 같이 쉽게 변환할 수 있다.

① 엑셀 자료 올리기 프로그램을 다운로드하기 위해서 이카운트 프로그램에서 self-customizing → 다운로드 → 엑셀자료올리기 설치 프로그램 → 다운로드를 클릭하면 엑셀 상위 메뉴에 아래와 같이 이카운트 버튼이 생성된다.

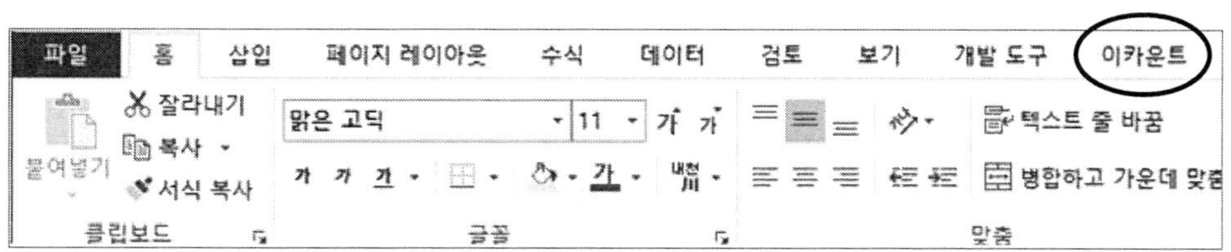

② 여기서 이카운트 버튼을 클릭하면 다음과 같이 이카운트 로그인 버튼이 나타난다.

③ 로그인을 하게 되면 이카운트 하위 버튼이 활성화된다. 여기서 단식부기의 보통예금 계정을 복식부기인 이카운트 회계프로그램으로 변환시키기 위하여 회계의 일반전표를 클릭한다.

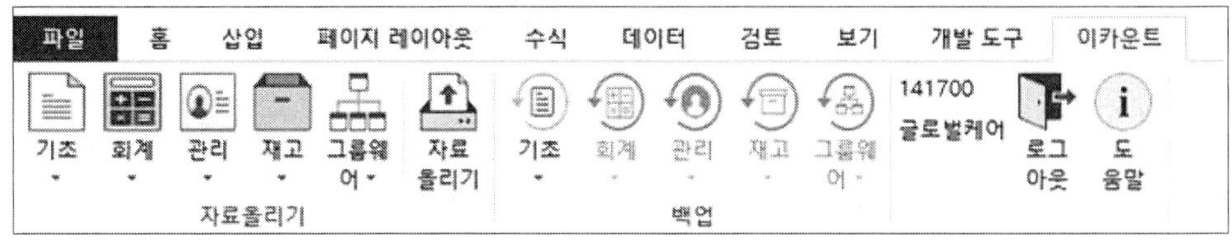

④ 일반전표를 클릭하게 되면 다음의 엑셀 입력 화면이 나타난다. 여기서 굵은 글씨체
는 반드시 입력이 되어야 한다. 여기서는 계정코드와 대차구분과 전표 금액이다.

A	B	C	D	E	F	G	H
일자(8)	순번(2)	**계정코드(8)**	**대차구분(1)**	거래처코드(30)	거래처명(100)	**전표금액(16)**	적요코드(2)

⑤ 단식부기의 수입계정을 각 계정별 코드를 부여하여 복식부기회계로 전환하면 다음
과 같은 결과를 보여준다.

1	일자(8)	순번(2)	계정코드(8)	대차구분(1)	거래처코드(30)	거래처명(100)	전표금액(16)
665	20170303		4043				20,000,000
666	20170112		4045				10,000,000
667	20170116		4045				2,000,000
668	20170118		4045				2,000,000
669	20170119		4045				7,500,000
670	20170123		4045				5,000,000
671	20170126		4045				4,000,000
672	20170201		4045				3,000,000
673	20170203		4045				
674	20170213		4045				
675	20170214		4045				
676	20170215		4045				
677	20170216		4045				

⑥ 단식부기의 지출계정 역시 계정별로 코드를 부여하여 복식부기회계로 전환하면 위
와 같은 결과를 보여준다.

3. 월차결산시스템의 도입

1) 월차결산시스템의 필요성

월차시스템의 도입은 영리법인의 경우에는 당연히 수행되어야 하지만 비영리법인의 경우에도 필요하다. 사람의 기억은 한 달 이상 넘어가면 기억하기 쉽지 않기 때문에 월차결산에 의하여 시스템적으로 보완할 필요가 있다. 물론 일일 결산이나 주별 결산을 할 수 있다면 더 좋겠지만, 투입 노력에 비하여 그 효과는 크지 않다.

통상적으로 회계가 어렵다고 생각하지만 단 한 가지만 지킨다면 회계는 사실 매우 쉬운 것이다. 그것은 증빙이 발생했을 때, 즉 거래가 발생했을 때 바로 회계처리를 하는 것이다. 이렇게 거래가 발생했을 때 회계처리를 하게 되면 오늘날의 ERP(회계) 시스템은 자동적으로 운영성과보고서와 재무상태표 등을 제공한다.

그러나 많은 조직의 경우 이렇게 거래 발생 즉시 관련 증빙으로 기록하는 것이 담당자의 시간 부족이나 관련 증빙의 지연 집계로 인하여 말처럼 쉽게 되지 않는다. 영리법인인 회사의 경우에도 월차결산을 제대로 하는 곳은 많지 않다. 월차결산제도는 이러한 어려움을 극복하기 위한 하나의 시스템이다. 이러한 월차결산제도를 정착시키기 위해서는 담당자의 노력뿐만 아니라 이사회나 관리경영층의 깊은 관심이 필요하다. 월차결산제도의 중요성은 아무리 강조해도 지나치지 않으며 한 조직이 성공하기 위해서는 반드시 수립되어야 하는 제도이다. 월차결산제도가 제 기능을 하지 못하면 조직 본래의 목적 달성이 어려워지고 조직의 회계 수치에 대한 신뢰성이 떨어지게 된다.

월차결산제도가 정착되면 많은 장점이 있다. 매월마다 고유목적과 기타사업 실적에 대한 평가 회의를 통하여 조직 구성원의 주의를 환기시켜 당초 목표 달성을 용이하게 한다. 그리고 월차결산제도는 조직에서 발생할 수 있는 오류와 부정을 감소시켜 준다. 월차결산이 이루어지는 한 달은 그렇게 길지도 않고 짧지도 않다. 월차결산을 통하여 오류나 부정이 발견된다면 그 원인 규명이 어렵지 않게 될 수 있는 시간이다.

2) 월차결산 방법

월차결산을 수행하기 위해서는 다음과 같은 작업이 필요하다.

① 월 실적 마감 기간을 정한다. 통상 월초에서 월말로 집계하는 경우가 대부분이지만 조직의 업무 성격상 월 중의 한 날을 기준일로 정하여도 무방하다. 가령 매월 11일부터 차월 10일까지로 할 수 있다.

② 자료의 집계를 위하여 모든 자료는 수시로 관리팀에 집결되도록 한다. 만일 현장에서 집계가 가능하다면 관리팀에서는 현장 입력자료의 적정성만을 검토한다. 회계가 어렵다는 이유로 회계 처리를 특정한 관리부서에서 수행하는 경우가 대부분인데 할 수 있다면 거래 현장에서 수행하는 것이 올바른 처리이다. 왜냐하면, 현장에서 관련 거래를 가장 잘 알기 때문이다. 이를 위해 회계처리에 대한 약간의 지식과 처리절차가 필요한데 온라인 베이스의 어카운트 프로그램은 이 작업을 수월하게 만들어줄 수 있다.

③ 월차결산 결과는 이사회에 보고되도록 한다. 비영리법인 이사회의 경우 거의 모든 이사가 비상임이기 때문에 매월 개최하기에는 어려움이 있다. 그럴 경우 간담회 형식으로라도 보고되도록 하고 참여가 어려운 이사의 경우에는 인터넷 온라인으로 참여할 수 있다.

④ 실적에 대한 평가작업을 수행한다. 이를 하기 위해서는 평가의 기준이 되는 목표 기

준점이 필요하게 되며 이는 곧 다음의 예산제도와 연결된다. 실적 평가 후 문제점을 파악하고 이에 대한 개선책을 수립한다.

4. 예산제도(豫算制度, Budget system)의 도입

1) 예산제도 도입의 필요성

비영리법인의 경우 이사회 구성원이 대부분 비상근으로 참여하기 때문에 상시적으로 업무에 참여할 수 없다. 그러기 때문에 예산제도가 필요하다. 또한, 비영리법인의 업무 성격이 대부분 업무 처리에 시급성을 요하지 않는다는 점도 사전에 수행할 업무와 관련 비용을 예산으로 확정하는 것을 가능하게 하기도 한다. 또한, 월차결산 실적의 적정 여부를 판단하기 위해서는 목표 기준점이 필요하며 예산은 목표 기준점이 된다. 예산과 비교하여 당해 조직의 성과를 평가하게 된다.

예산제도란 미래에 수행할 활동에 대하여 그 지출을 사전에 정해 놓는 것으로 사전에 정해지지 않은 지출은 용인되지 않는다. 수입에 대한 예산도 정하여지지만, 수입은 외생적인 변수에 영향을 많이 받는다. 예산은 한 조직의 활동 계획표라고 할 수 있다. 그러므로 비영리법인이 정부 예산같이 치밀하지는 못할지라도 세밀한 예산을 수립한다면 이는 비영리법인의 회계시스템이 정상적으로 운용되는 데 나침반 역할을 할 것이다.

2) 이카운트 예산제도 수립 절차

이카운트 프로그램의 예산 수립 절차를 예시하면 다음과 같다.

① 회계2 → 예산관리 → 월별예산작성 → 예산계정 선택을 차례대로 클릭한다.
② 예산계정등록화면에서 예산 주기 중 [년] 버튼을 클릭하여 저장한다.

③ 저장을 누르면 다음의 예산 입력화면이 표시된다.

④ 입력화면에서 정회원의 코드를 클릭하면 다음 화면에 연간 예산에서 금액을 입력하고 예산배분을 누르면 월별로 예산이 배분된다. 꼭 저장을 누른다.

⑤ 동일하게 계정별로 예산을 설정한다.

⑥ 예산을 설정한 후 회계1/수입지출명세서에서 수입과 지출에 대한 예산을 확인할 수 있다.

순서에 따라 설명하면 다음과 같다.

① 회계2 → 예산관리 → 월별예산작성 → 예산계정 선택을 차례대로 클릭한다. 다음의 화면이 표시된다.

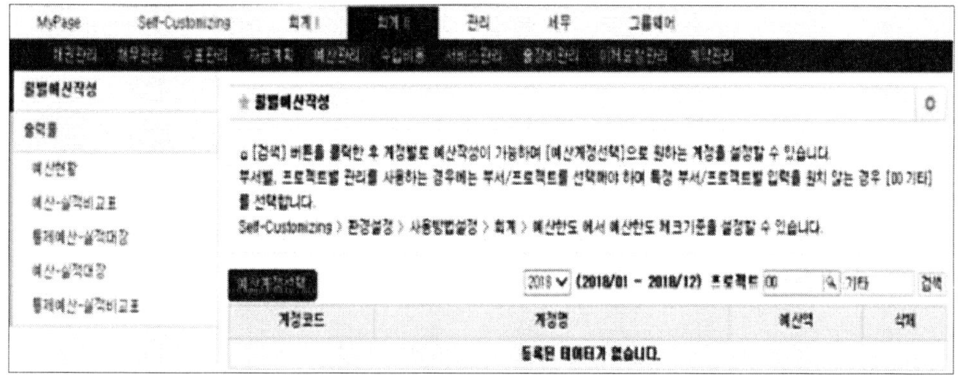

[그림 9] 예산계정 선택

② 위 화면에서 예산계정선택을 버튼을 클릭하고 예산계정등록화면에서 예산 주기 중 [년] 버튼을 클릭하여 저장한다.

[그림 10] 예산계정 등록

③ 입력화면에서 정회원의 코드를 클릭하면 다음 화면이 나온다. 화면에 '년간예산총액'
   에 금액을 입력하고 예산 배분을 누르면 월별로 예산이 배분된다. 꼭 저장을 누른다.

계정코드	계정명	예산액	삭제
4012	정회원	120,000,000	삭제
4013	일반회원	233,000,000	삭제
4014	단체회원	190,000,000	삭제
4021	해외아동후원	35,000,000	삭제
4022	온라인모금	12,000,000	삭제

[그림 11] 예산입력화면 1

④ 동일하게 계정별로 예산을 설정한다.

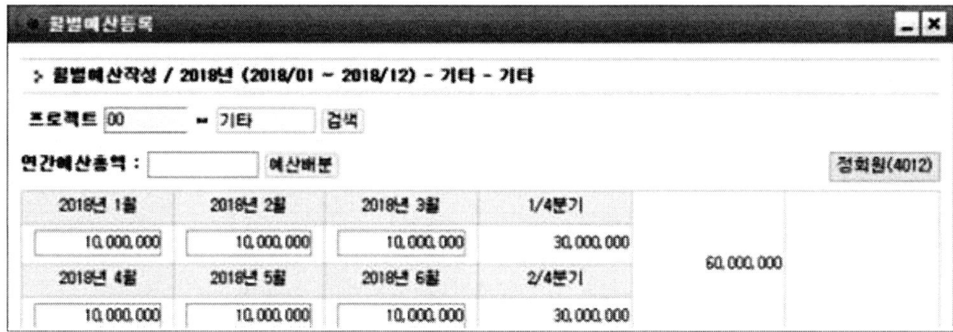

[그림 12] 예산입력화면 2

⑤ 예산을 설정한 후 회계1 → 수입지출명세서에서 수입과 지출에 대한 예산을 확인할
   수 있다.

수입지출명세서

세목	계정코드	금월실적	실적누계	예산누계	예산누계(%)	예산연집계
	4005		247,127,509	628,419,687	39%	2,513,678,839
	4007		247,127,509	628,419,687	39%	2,513,678,839
	4010		52,365,999	135,749,997	39%	543,000,000
정회원	4012		2,220,000	30,000,000	7%	120,000,000

[그림 13-1] 수입지출명세서

⑥ 예산을 설정한 후 회계2 → 예산관리 → 통제예산에서 실제 사용 실적과 예산을 비교 확인할 수 있다.

통제예산-실적대장

회사명 :　　　 / 홍보사업비　　　　　　　　　　　　　　　　　　　　　2018/01 ~ 2018/12

계정코드	계정명	전표번호	적요	거래처명	예산	실적	잔액
4520	홍보사업비		**[2018/ 예산]**		21,000,000	0	21,000,000
4520	홍보사업비	2018/01/03 -9	홍보물 제작비-2017 크리스마스 카드 인쇄비 (카드 및 봉투 800부)	한빛기획인쇄	0	198,000	20,802,000
4520	홍보사업비	2018/01/15 -3	디자인비-2017 연차보고서 디자인비		0	382,400	20,419,600
4520	홍보사업비	2018/01/15 -3	디자인비-2017 연차보고서 디자인비(조민영)	0세무	0	17,600	20,402,000
4520	홍보사업비	2018/01/16 -3	홍보물 제작비-2017 연차보고서 인쇄비	한빛기획인쇄	0	825,000	19,577,000
			홍보사업비 계		21,000,000	1,423,000	

[그림 13-2] 통제예산실적대장

3) 예산수립 역사 및 절차

예산제도는 다음과 같은 의미와 역사적 배경을 갖고 있다. 예산제도란 국가나 공공단체가 지향하는 목표 또는 계획을 일정한 기간에 수행하기 위하여 수입과 지출을 구체화시킨 예정계획을 수립하고 그것에 따라 예산을 편성·집행하는 제도를 말한다.[27] 예산제도는 민주적 대의제(代議制)와 전제군주(국왕) 간의 투쟁 과정에서 발전해 온 역사적 산물이다. 그 기원은 13세기 초 영국의 대헌장(Magna Charta)에서 찾아볼 수 있겠으나 직접적인 계기가 된 것은 1669년 영국의 권리선언(權利宣言)에 의해 "국민에 대한 국왕의 과세는 의회의 승인이 있어야 한다."는 의회의 과세동의권(課稅同意權)이 확립되면서부터이다. 이것이 계기가 되어 그 후 의회가 국왕의 재정지출까지 감독권을 확보함으로써 예산 제도가 성립되었다.

이와 같이 예산 제도는 영국에서 의회 제도의 역사와 같이하며 행정부(국왕)에 대한 의회의 감독과 통제(→입법통제) 수단으로 발달해 온 것이다.

영국에서 싹트고 발전해온 예산 제도는 서구 여러 나라에 전파되어 처음에는 통제

---

[27] [네이버 지식백과]: 예산 제도(管理會計, Managerial accounting) - 『이해하기 쉽게 쓴 행정학용어사전』, 새정보미디어, 2010.

수단으로서의 예산이던 것이 시대의 흐름에 따라 관리(管理) 중심의 예산으로 바뀌게 되었고, 그 후 계획과 예산의 관련성이 강조됨으로써 계획(計劃) 중심의 예산 제도로 바뀌어 발전해 왔으며, 지금은 이러한 모든 기능을 포괄하는 방향으로 나가고 있다.

다시 말해서 예산 제도는 통제 수단에 역점을 둔 품목별 예산에서 시작하여 관리 중심의 성과주의 예산을 거쳐 계획예산, 영기준예산, 목표기준예산 제도의 순서를 밟으며 발달하여 온 것이다.

이상과 같은 예산 제도의 발달 과정은 특히 미국에서 그 전형적인 예를 보여 왔다. 미국(美國)에서는 독립 이후 영국의 예산 제도를 받아들여 각 지방자치 단체에서 산발적으로 실시해 왔던 것이나 1921년에 연방정부가 예산을 법적으로 제도화(예산 및 회계법 제정)하면서부터 본격적인 예산 제도의 시대가 개막되었다.

미국에서 처음 실시한 당시의 예산제도는 정부의 지출 통제에 역점을 둔 품목별 예산 제도였다. 그러다가 1930년대 후반 이후에 뉴딜(New Deal) 정책의 실시로 예산의 관리적 측면이 강조되어 1950년대에 이르러 이른바 성과주의예산 제도를 채택하게 되었다. 그 후 예산 제도는 예산의 편성이 정책수립(→정책형성)과 불가분의 관계에 있음을 인식하고 1960년대 초에는 계획 중심의 계획예산 제도로 바뀌었다.

그러나 오늘날과 같이 복잡하고 다원화된 현대사회에서는 계획을 중심으로 한 예산 제노만으로는 행정을 효율적(효율성)으로 수행할 수 없음이 드러나 지금은 계획예산 제도에 통제와 관리 등의 기능을 보완한 통합 중심의 예산 제도가 나타나게 되었다. 그 대표적인 것이 영기준예산 제도를 비롯하여 목표관리·감축관리로서의 예산이다.[28]

예산수립의 일반적 절차의 한 예를 들면 다음과 같으나 각 법인에 따라 달리 운용될 수 있다.

---

28 [네이버 지식백과]: 예산 제도(管理會計, Managerial accounting) – 『이해하기 쉽게 쓴 행정학용어사전』, 새정보미디어, 2010.

1단계: 해당 사업연도의 사업목표 설정(D-45)

2단계: 모든 종류의 기대 수입현금 추정(D-30)

3단계: 지출 비용에 대한 변동비와 고정비의 구분(D-25)

4단계: 고정비용(사무국의 급여 및 임차료 등)과 변동비용(사업비 등) 추정(D-20)

5단계: 예상된 수입금액 대비 비용을 비교, 검토하여 사업목표의 실현 가능성 파악(D-10)

6단계: 예상 현금수입과 지출을 바탕으로 한 이사회 예산 확정(D)

7단계: 편성된 예산안 실행

8단계: 예산대비 실적에 대한 사후 관리 실시

5. 재무회계와 관리회계의 결합

1) 관리회계의 필요성

재무회계는 발생한 실적에 대한 집계이며 관리회계는 재무회계의 자료를 바탕으로 조직의 목적에 적합하게 재무회계 자료를 재분류하는 것이다. 비영리법인의 경우에는 모두 고유의 목적사업을 갖고 있다. 고유목적사업은 비영리법인의 존립목적이라고 할 수 있는바 이 목적을 효과적으로 수행하였는지에 대하여 항상 주의를 기울여야 한다. 많은 비영리법인의 재무회계 자료는 목적사업과 비목적사업의 회계자료가 혼합되어 있어 고유목적사업의 성과를 측정하기 어렵다. 고유목적사업의 효과성을 측정하는 데는 효과적인 재무회계자료의 재집계가 필요하다.

2) 목적사업에 따른 회계의 재분류

다음은 비영리회계에 대한 회계기준원과 기획재정부의 운영성과표 체계에 대한 비교표이다. 표의 오른쪽 칼럼은 비영리회계에 대한 관리회계 측면에서의 개선안이다. 개선안의 특징은 고유목적사업과 수익사업을 완전히 분리한 점과 고유목적사업비용을 직접비용과 간접비용으로 구분한 것이다. 비영리사업과 수익사업을 분리함으로써 고유목적사업의 성과를 보다 직접적으로 파악할 수 있게 된다. 또한, 고유목적사업에 지출된 직접사업비와 이를 관리하기 위한 간접비용을 구분함으로써 해당 조직의 고유목적사업 집중도를 파악할 수 있다.

<표 10> 비영리법인 운영성과표 체계 비교표

비영리조직 회계기준 (한국회계기준원)	공익법인 회계기준 (기획재정부)	비영리회계 구분회계 (관리회계 강조)
제약없는순자산의 변동	사업수익	고유목적사업수익
사업수익	기부금 수익	고유목적사업직접비용
기부금 수익	회비 수익	고유목적사업간접비용
회비 수익	보조금 수익	고유목적사업순자산증가(감소)
보조금 수익	기타수익	
기타수익	사업비용	
사업비용	사업수행비용	
사업수행비용	AA 사업수행비용	수익사업수익
AA 사업수행비용	BB 사업수행비용	수익사업비용
BB 사업수행비용	일반관리비용	사업외수익
일반관리비용	급여	사업 외 비용
급여	복리후생비	고유목적사업준비금전입액
복리후생비	사업이익(손실)	고유목적사업준비금환입액
사업이익(손실)	사업외수익	법인세비용차감전당기운영이익(손실)
사업외수익	사업 외 비용	
사업 외 비용	고유목적사업준비금전입액	법인세비용
제약없는순자산의 증가(감소)	고유목적사업준비금환입액	당기운영이익(손실)
제약있는순자산의 변동	법인세비용차감전 당기운영이익(손실)	
기초순자산	법인세비용	
기말순자산	당기운영이익(손실)	

회계기준원 운영성과표의 특징은 순자산에 대한 제약의 유무를 구분하고 고유목적사업수익과 수익사업수익을 함께 표시한다는 점이다. 또한, 영리법인의 당기순이익(순손실) 표시를 비영리법인 회계에서는 순자산의 증(감)으로 표시한다. 이는 비영리법인의 특성상 합리적인 표시방법이라고 생각된다. 기획재정부 운영성과표는 비영리법인의 모금비용을 구분하여 표시한 것과 고유목적사업준비금에 대한 표시가 특징적이다.

관리회계를 강조하는 측면에서는 우선 비영리와 영리 부문을 구분하고 고유목적사업
에 대한 비용을 직접사업비와 간접사업비로 구분하여 간접사업비에 대해 관리를 집중
한 점이 특징이다.

제6장

계정별 분개 방법 및 내부통제 점검사항

1. 현금 및 현금성 자산

모든 계정에 대한 관리가 빠짐없이 이루어져야 하지만 현금성 자산에 대한 관리의 핵심은 그 장부금액과 실재 잔고가 일치하는지 수시로 확인되어야 하는 것이다. 현금성 자산에 대한 이카운트 프로그램의 분개 방법과 현금예금계정의 점검 사항은 다음과 같다.

1) 분개 방법

회계1 → fast entry → 일반전표를 클릭하면 다음의 입력화면에서 입력한다. 만일 운반비를 현금 지급하였다면 다음의 분개가 수행된다.

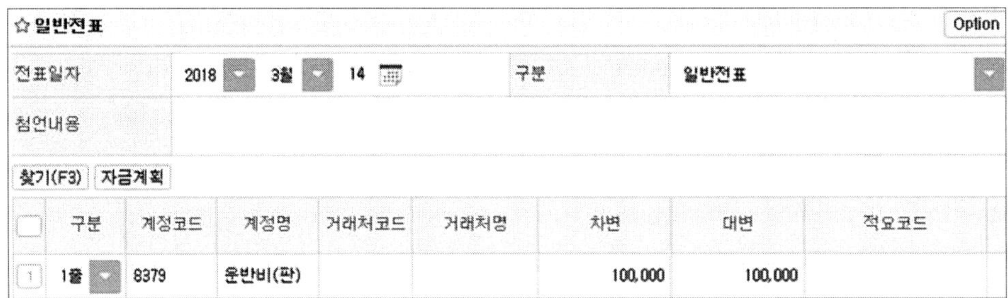

[그림 14] 일반전표 입력화면

2) 통제절차

현금 및 현금성 자산 계정은 오류와 부정에 가장 취약한 계정이다. 기업가치의 외부

유출은 현금예금을 통하여 최종 지급되므로 본 계정에 대한 통제절차에는 특별한 주의가 요구된다. 모든 수입과 지출은 통장을 통해서만 집행되도록 하고 현금은 불가피한 경우에만 최소한으로 보유하도록 한다. 비영리조직의 내부통제의 3요소인 업무분장, 승인, 기록이 빠짐없이 실행되도록 한다. 현금성 자산에 대한 통제절차는 다음과 같다.

① 업무분장은 현금예금수입업무와 수입된 현금예금을 기록하는 업무, 이에 대한 승인을 하는 업무가 각기 다른 사람으로 분리되어야 한다.

② 승인은 최소 단계만 거치도록 한다. 승인단계가 많아야 내부통제가 잘 될 것이라고 생각하는 경향이 있으나 많은 경우 그 반대가 현실적이다. 승인단계는 한 단계나 많아야 두 단계로 하여야 승인에 대한 책임감과 집중력이 높아진다.

③ 기록은 거래 발생 즉시 기록되어야 하며, 신뢰할 수 있는 증빙에 근거하여 기록되어야 한다. 중소조직의 경우 증빙들을 1주일 또는 2주일 모았다가 회계기록을 하는 경우가 많은데 이는 아주 잘못된 것이다. 발생한 거래가 즉시 기록되지 않을 경우 관련 증빙의 분실이 발생하거나 기록의 오류가 발생할 수 있다. 보다 더 심각한 것은 기록에 담당자의 임의성이 개입되어 사실과 다른 기록을 할 여지가 있기 때문에 기록은 거래 발생 즉시 기록되도록 하는 것이 매우 중요하다고 할 수 있다.

3) 점검 포인트

현금 및 예금에서 점검할 사항은 다음과 같다.

(1) 현금예금의 수입

◎ 현금수입액은 즉시 은행에 예입

◎ 자금 일보의 작성 여부와 상위관리자의 승인

◎ 은행 계좌 개설에 대한 경영자의 승인

(2) 현금예금의 지출

◎ 온라인 지급에 대한 사전 승인 절차 확인

◎ 지급유형별 승인의 확인(자산구매, 비용 지급)

◎ 어음수표 용지의 취급자 한정

◎ 어음수불부의 작성 및 관리 적정성 검토

2. 회비 수입 및 기타수입

회비 수입 및 기타수입에 대한 분개 방법과 통제절차는 다음과 같다. 수입거래 내부통제의 3요소인 업무분장, 승인, 기록이 빠짐없이 실행되도록 한다.

1) 분개 방법

정회원으로부터 회비 수입이 들어왔다면 다음과 같이 이카운트 프로그램에 분개가 수행된다.

회계1 → fast entry → 일반전표를 클릭하여 다음의 입력화면에서 입력한다.

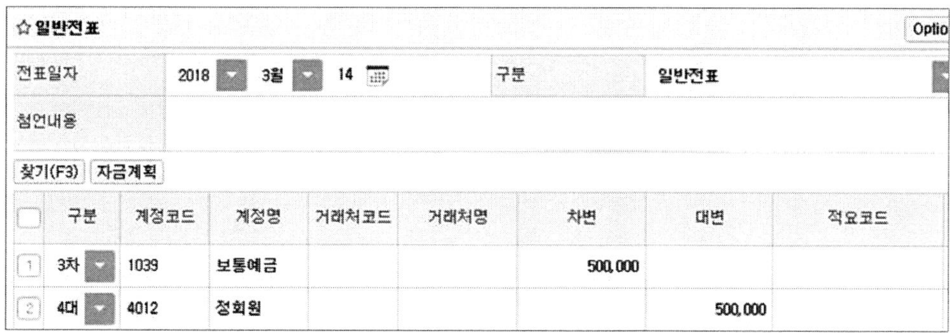

[그림 15] 회비 수입 일반전표 입력화면

2) 통제절차

① 업무분장은 수입예산업무와 수입을 기록하는 업무, 이에 대한 승인을 하는 업무가 각기 다른 사람으로 분리되어야 한다.

② 승인은 최소 단계만 거치도록 한다. 승인단계가 많아야 내부통제가 잘 될 것이라고 생각하는 경향이 있으나 많은 경우 그 반대가 현실이다. 승인단계는 한 단계나 많아야 두 단계로 하여야 승인에 대한 책임감과 집중력이 높아진다.

③ 기록은 거래 발생 즉시 기록되어야 하며, 신뢰할 수 있는 증빙에 근거하여 기록되어야 한다. 중소조직의 경우 증빙들을 1주일 또는 2주일 모았다가 회계기록을 하는 경우가 많은데 이는 아주 잘못된 것이다. 발생한 거래가 즉시 기록되지 않을 경우 관련 증빙의 분실이 발생하거나 기록의 오류가 발생할 수 있다. 보다 더 심각한 것은 기록에 담당자의 임의성이 개입되어 사실과 다른 기록을 할 여지가 있기 때문에 거래 기록은 거래 발생 즉시 기록되도록 하는 것이 매우 중요하다.

3) 점검 포인트

기부금 수입 및 기타 수입에 대한 점검할 사항은 다음과 같다.

◎ 신규 기부금 수입 및 기타 수입 승인 여부
◎ 업무분장 여부(기부금 수입 및 기타수입 기록 업무와 기부금 수입 및 기타 수입 회수 업무 분장) - 래핑 적발 프로세스 수행
◎ 기부금영수증의 일련번호 부여 여부
◎ 정기적인 수입처 원장 담당자의 교체 여부

3. 급여지급

통상적으로 비영리법인의 경우 급여의 지출이 상대적으로 큰 비중을 차지한다. 또한, 인건비 중 목적사업과 관련되어 발생하는 것과 비 목적사업을 위하여 발생하는 인건비가 있다. 목적사업의 성과를 적정하게 평가하기 위해서는 인건비의 목적사업과 비목적사업의 구분이 중요하며, 이러한 구분은 비영리법인에 대한 세무 문제에 있어서도 중요하기 때문에 정확하게 분류하여야 한다. 급여 지급에 대한 분개 방법과 점검 사항은 다음과 같다.

1) 분개 방법

인건비가 지급되었다면 다음과 같이 이카운트 프로그램상 분개가 수행된다.

회계1 → fast entry → 일반전표를 클릭하여 다음의 입력화면에서 입력한다. 급여의 경우 소득세와 4대 보험에 대한 원천징수 분을 예수금으로 처리하고 실제 납부 시에 상계처리 한다.

	구분	계정코드	계정명	거래처코드	거래처명	차변	대변	적요코드
1	3차	8029	직원급여(판)			12,000,000		
2	4대	2539	미지급금				11,000,000	
3	4대	2549	예수금				1,000,000	

[그림 16] 급여지급 입력화면

2) 통제절차

① 급여의 지급은 모든 비영리법인에서 매우 중요한 지출의 하나이다. 따라서 급여의 지출이 정당하게 지출되었는지에 대한 내부통제제도 평가는 모든 지급 급여에 대하여 필요하다.
② 퇴직자에 대해 급여가 지급되지 않았는지 확인한다.

3) 점검 포인트

급여의 지출 시 추출된 표본에 대하여 점검할 사항은 다음과 같다.

◎ 급여 대상자의 실재성 확인하기 위하여 대상자의 인사기록 카드를 확인한다. 인사기록카드가 적절하게 관리되고 있으며 정기적인 업데이트가 수행되는지 확인
◎ 대상자에 대한 급여 계산의 정확성 확인(작업시간, 공제 내역 등)
◎ 급여 계산 담당자의 정기적인 교체 여부 및 급여의 계산과 급여 지급 업무의 분장
◎ 급여 대상자와 급여 통장 명의의 일치 여부 확인

4. 목적사업 경비 지출

목적사업비 지출에 대한 분개 방법 및 점검 사항은 다음과 같다.

1) 분개 방법

이카운트 프로그램상에서, 회계1 → fast entry → 일반전표를 클릭하여 다음의 입력
화면에서 입력한다.

[그림 17] 회원관리비 지급

2) 점검 포인트

목적사업 경비 내부통제제도 평가에서 점검할 사항은 다음과 같다.

◎ 내부통제 제도상 요구되는 절차들인 업무의 분장, 기록의 분리, 승인, 증빙의 적격성 등 외형적인 절차의 준수 여부를 검토한다.

◎ 외형적인 절차 검토 후에 비목별 유입 가치가 타당한지 내적 충실성을 검사한다. 중요성이 큰 비용의 경우에는 검증틀[29]을 만들어 검토한다.

◎ 비목별 평균과 표준편차 금액을 산출하여 평균과 과대하게 차이 나는(2시그마 또는 3시그마 이상) 비용지출에 대해 검토한다.

---

[29] 목적사업 경비에서 급여의 비중이 클 경우 급여에 대한 검증틀을 만들 수 있다.

5. 비목적사업 경비 지출

비목적사업 경비에 대한 분개 방법과 점검 사항은 다음과 같다.

1) 분개 방법

이카운트 프로그램상에서, 회계1 → fast entry → 일반전표를 클릭하여 다음의 입력 화면에서 입력한다.

비영리법인의 임차료를 지급하였을 경우 분개화면은 다음과 같다.

	구분	계정코드	계정명	거래처코드	거래처명	차변	대변	적요코드
1	3차	8249	지급임차료(!			3,000,000		
2	4대	1039	보통예금				3,000,000	

[그림 18] 지급임차료 지급

2) 점검 포인트

비목적사업 경비 내부통제제도 평가에서 점검할 사항은 다음과 같다.

◎ 내부통제 제도상 요구되는 절차들인 업무의 분장, 기록의 분리, 승인, 증빙의 적격성 등 외형적인 절차의 준수 여부를 검토한다.

◎ 외형적인 절차 검토 후에 비목별 유입 가치가 타당한지 내적 충실성을 검사한다. 중

요성이 큰 비용의 경우에는 검증틀[30]을 만들어 검토한다.

◎ 비목별 평균과 표준편차 금액을 산출하여 평균과 과대하게 차이 나는(2시그마 또는 3시그마 이상) 비용지출에 대해 검토한다.

---

30 목적사업 경비에서 급여의 비중이 클 경우 급여에 대한 검증틀을 만들 수 있다.

비영리조직
회계기준

※ 한국회계기준원 회계기준위원회 의결 2017. 7. 20.

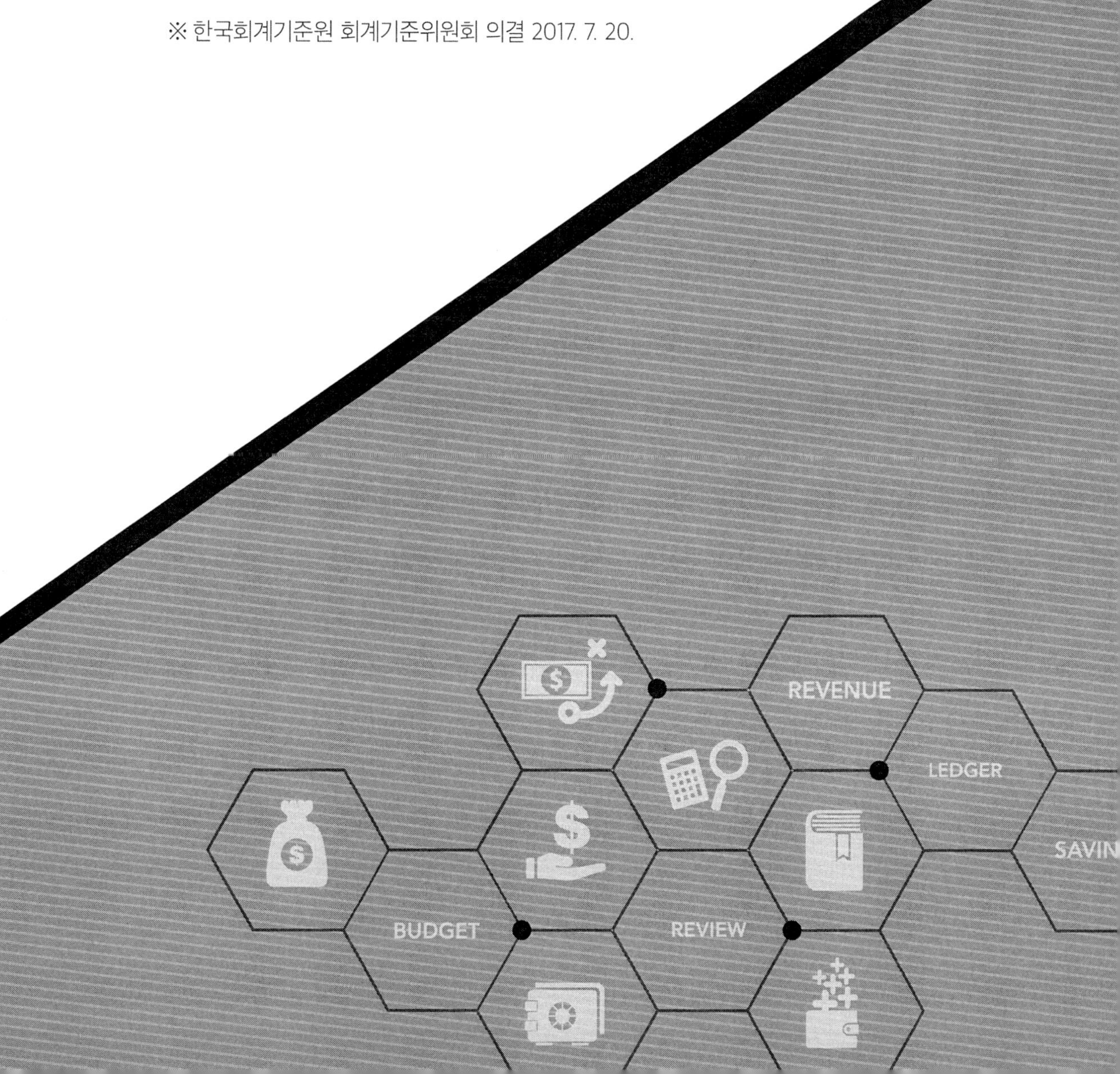

제1장 총칙

제1조(목적)

비영리조직회계기준(이하 '이 기준'이라 한다)의 목적은 비영리조직이 일반목적 재무제표를 작성하는 데 적용하는 기준을 제시하는 것이다.

제2조(적용)

이 기준은 법인격 유무와 관계없이 영리를 목적으로 하지 않고 사회 전체의 이익이나 공동의 이익을 목적으로 하는 모든 형태의 비영리조직에 적용한다.

제3조(보고실체)

이 기준에 따라 재무제표를 작성할 때에는 비영리조직 전체를 하나의 보고실체로 하여 작성한다.

제4조(복식부기와 발생주의)

① 이 기준에 따라 재무제표를 작성할 때에는 복식부기회계와 발생주의회계를 적용한다.

② '복식부기'란 비영리조직의 자산, 부채, 순자산의 증감 및 변화과정과 그 결과를 계정과목을 통하여 대변과 차변으로 구분하여 이중기록·계산이 되도록 하는 부기형식을 말한다.

③ '발생주의'란 현금의 수수와는 관계없이 수익은 실현되었을 때 인식하고 비용은 발생되었을 때 인식하는 개념으로서 기간손익을 계산할 때 경제가치량의 증가나 감소의 사실이 발생한 때를 기준으로 수익과 비용을 인식하는 것을 말한다.

제5조(재무제표 작성의 목적)

이 기준에 따라 비영리조직이 재무제표를 작성하는 목적은 이를 외부에 보고하여 기부자, 회원, 채권자, 비영리조직에 자원을 제공하는 그 밖의 주체(예: 보조금을 제공하는 정부) 등의 의사결정에 유용한 정보를 제공하여, 이들 이해관계자들이 비영리조직이 제공한 서비스, 이러한 서비스를 지속적으로 제공할 수 있는 가능성, 비영리조직의 관리자들이 수탁책임을 적절하게 수행하였는지 등을 평가할 때 도움을 주는 데 있다.

제6조(재무제표)

① 이 기준에서 재무제표는 다음 각호의 서류로 구성된다.

   1. 재무상태표

   2. 운영성과표

   3. 현금흐름표

   4. 제1호부터 제3호까지의 서류에 대한 주석

② 비영리조직이 수지계산서를 작성하고 있는 경우에는 현금흐름표를 작성하지 않음에 따라 소실되는 정보의 양이 중요하지 않다면 수지계산서로 현금흐름표를 갈음할 수 있다. 이 경우에 수지계산서란 수입과 지출의 결과를 집계한 표를 말한다.

제7조(회계정책의 결정)

이 기준에서 특별히 정하지 않는 거래나 사건의 인식과 측정, 재무제표 표시, 주석 기재에 대해서는 일반기업회계기준에 따라 회계정책을 결정한다.

제8소(회계징책, 회계추정의 변경 및 오류)

① 재무제표를 작성할 때 채택한 회계정책이나 회계추정은 비슷한 종류의 사건이나 거래의 회계처리에도 동일하게 적용한다.

② '회계정책의 변경'이란 재무제표의 작성에 적용하던 회계정책을 다른 회계정책으로 바꾸는 것을 말한다. 이 경우에 회계정책의 변경에는 재고자산의 단위원가 결정방법 변경 등이 포함된다.

③ 이 기준에서 회계정책의 변경을 요구하거나, 회계정책의 변경을 반영한 재무제표가 신뢰성 있고 더 목적 적합한 정보를 제공하는 경우에만 회계정책을 변경할 수 있다.

④ '회계추정의 변경'이란 환경의 변화, 새로운 정보의 입수, 경험의 축적에 따라 회계적 추정치의 근거와 방법 등을 바꾸는 것을 말한다. 이 경우에 회계추정에는 대손의 추정, 재고자산의 진부화 여부에 대한 판단과 평가, 충당부채의 추정, 감가상각자산에 내재된 미래경제적효익의 예상되는 소비형태의 유의적인 변동, 감가상각자산의 내용연수나 잔존가치의 추정 등이 포함된다.

⑤ 변경된 회계정책은 소급하여 적용하며 소급적용에 따른 수정사항을 반영하여 비교재무제표를 재작성한다.

⑥ 회계추정의 변경은 전진적으로 회계처리하여 그 효과를 당기와 당기 이후의 기간에 반영한다.

⑦ '오류수정'이란 전기나 그 이전 회계연도의 재무제표에 포함된 회계적 오류를 당기에 발견하여 수정하는 것을 말한다.

⑧ 당기에 발견한 전기나 그 이전 회계연도의 오류는 당기 운영성과표에 사업외손익 중 전기오류수정손익으로 보고한다. 다만, 전기 이전 기간에 발생한 중대한 오류의 수정은 자산, 부채, 순자산의 기초금액에 반영한다. 비교재무제표를 작성하는 경우에 중대한 오류의 영향을 받는 회계기간의 재무제표항목은 재작성한다. 중대한 오류는 재무제표의 신뢰성을 심각하게 손상할 수 있는 매우 중요한 오류를 말한다.

제9조(재무제표의 구분·통합 표시)

① 중요한 항목은 재무제표의 본문이나 주석에 그 내용을 가장 잘 나타낼 수 있도록 구분하여 표시한다.

② 재무제표 표시와 관련하여 재무제표 본문과 주석에 적용하는 중요성 기준은 서로 다를 수 있다. 예를 들어, 재무제표 본문에는 통합하여 표시한 항목일지라도 주석에는 이를 구분하여 표시할 만큼 중요한 항목이 될 수 있다. 이러한 경우에는 재무제표 본문에 통합 표시한 항목의 세부 내용을 주석으로 기재한다.

③ 이 기준에서 재무제표의 본문이나 주석에 구분 표시하도록 정한 항목일지라도 그 성격과 금액이 중요하지 아니한 항목은 성격이나 기능이 유사한 항목에 통합하여

표시할 수 있고, 주석의 구분 표시도 생략할 수 있다.

제10조(비교재무제표의 작성)

① 재무제표의 기간별 비교 가능성을 높이기 위하여 전기 재무제표의 모든 계량정보를
당기와 비교하는 형식으로 표시한다.

② 전기 재무제표의 비계량정보가 당기 재무제표를 이해하는 데 관련되는 경우에는 이
를 당기 정보와 비교하여 주석으로 기재한다.

제2장 재무상태표

제11조(재무상태표의 목적과 작성단위)

① 재무상태표의 목적은 특정 시점에서 비영리조직의 자산, 부채, 순자산에 대한 정보를 제공하는 것이다.

② 재무상태표는 비영리조직 전체를 하나의 재무제표 작성단위로 보아 작성하고 비영리조직 전체의 자산, 부채, 순자산의 내용과 금액을 표시하여야 한다. 다만, 비영리조직의 특성과 필요에 따라 재무상태표에 고유목적사업부문과 수익사업부문별로 열을 구분하고, 자산, 부채, 순자산의 금액을 각 열에 배분하는 방식으로 표시할 수 있다. [적용사례의 사례 5 참조]

제12조(재무상태표 작성기준)

① 재무상태표에는 회계연도 말 현재의 모든 자산, 부채, 순자산을 적정하게 표시하여야 한다. [적용사례의 사례 1 참조]

② 재무상태표 구성요소의 정의는 다음 각호와 같다.

　　1. '자산'이란 과거의 거래나 그 밖의 사건의 결과로 현재 비영리조직에 의해 지배되고 미래에 경제적 효익을 창출할 것으로 예상되는 자원을 말한다.

　　2. '부채'란 과거의 거래나 그 밖의 사건의 결과로 현재 비영리조직이 부담하고 있고 미래에 자원이 유출되거나 사용될 것으로 예상되는 의무를 말한다.

　　3. '순자산'이란 비영리조직의 자산 총액에서 부채 총액을 차감한 잔여 금액을 말한다.

③ 자산과 부채는 각각 다음 각호의 조건을 충족하는 경우에 재무상태표에 인식한다.

　　1. 자산: 해당 항목에서 발생하는 미래경제적 효익이 비영리조직에 유입될 가능성이 매우 높고, 그 원가를 신뢰성 있게 측정할 수 있다.

　　2. 부채: 해당 의무를 이행하기 위하여 경제적 자원이 유출될 가능성이 매우 높고, 의무의 이행에 소요되는 금액을 신뢰성 있게 측정할 수 있다.

④ 자산, 부채, 순자산은 다음 각호에 따라 구분한다.

1. 자산은 회계연도 말부터 1년 이내에 현금화되거나 실현될 것으로 예상되면 유동자산으로, 그 밖의 경우에는 비유동자산으로 구분하고, 유동자산과 비유동자산은 다음 각 목과 같이 구분한다.

   가. 유동자산: 당좌자산, 재고자산

   나. 비유동자산: 투자자산, 유형자산, 무형자산, 기타비유동자산

2. 부채는 회계연도 말부터 1년 이내에 상환 등으로 소멸할 것으로 예상되면 유동부채로, 그 밖의 경우에는 비유동부채로 구분한다.

3. 순자산은 제약없는순자산과 제약있는순자산으로 구분한다.

⑤ 자산과 부채는 유동성이 높은 항목부터 배열한다.

⑥ 자산과 부채는 상계하여 표시하지 않는다.

제13조(당좌자산)

① '당좌자산'이란 재고자산에 속하지 않는 유동자산을 말한다.

② 당좌자산에는 현금 및 현금성 자산, 단기투자자산, 매출채권, 선급비용, 미수수익, 미수금, 선급금 등이 포함된다.

③ 매출채권, 미수금 등에 대한 대손충당금은 해당 자산에서 차감하는 형식으로 재무상태표에 표시한다.

제14조(재고자산)

① '재고자산'이란 통상적인 사업과정에서 판매하기 위하여 보유하거나 생산과정에 있는 자산과 생산이나 용역 제공 과정에 투입될 자산을 말한다.

② 재고자산에는 상품, 제품, 재공품, 원재료와 저장품 등이 포함된다.

③ 재고자산평가충당금은 재고자산 각 항목에서 차감하는 형식으로 재무상태표에 표시한다.

제15조(투자자산)

① '투자자산'이란 장기적인 투자 등과 같은 활동의 결과로 보유하는 자산을 말한다.

② 투자자산에는 장기성 예금, 투자유가증권, 장기대여금 등이 포함된다.

③ 투자유가증권은 국공채, 회사채, 수익증권, 주식으로 구분하여 재무상태표 본문에 표시하거나 주석으로 기재한다.

제16조(유형자산)

① '유형자산'이란 재화를 생산하거나 용역을 제공하기 위하여, 또는 타인에게 임대하거나 직접 사용하기 위하여 보유한 물리적 형체가 있는 자산으로 1년을 초과하여 사용할 것으로 예상되는 자산을 말한다.

② 유형자산에는 토지, 건물, 구축물, 기계장치, 차량 운반구, 건설 중인 자산 등이 포함된다.

③ 유형자산의 감가상각누계액과 손상차손누계액은 유형자산 각 항목에서 차감하는 형식으로 재무상태표에 표시한다.

④ 유형자산을 폐기하거나 처분하는 경우에 그 자산을 재무상태표에서 제거하고 처분금액과 장부금액의 차액을 유형자산처분손익으로 인식한다.

제17조(무형자산)

① '무형자산'이란 재화를 생산하거나 용역을 제공하기 위하여, 또는 타인에게 임대하거나 직접 사용하기 위하여 보유한 물리적 형체가 없는 비화폐성자산을 말한다.

② 무형자산에는 지식재산권, 개발비, 컴퓨터소프트웨어, 광업권, 임차권 등이 포함된다.

③ 무형자산은 상각누계액과 손상차손누계액을 취득원가에서 직접 차감한 잔액으로 재무상태표에 표시한다.

④ 무형자산을 처분하는 경우에 그 자산을 재무상태표에서 제거하고 처분금액과 장부금액의 차액을 무형자산처분손익으로 인식한다.

제18조(기타비유동자산)

① '기타비유동자산'이란 투자자산, 유형자산, 무형자산에 속하지 않는 비유동자산을 말한다.

② 기타비유동자산에는 임차보증금, 장기선급비용, 장기미수금 등이 포함된다.

제19조(유동부채)

① '유동부채'란 회계연도 말부터 1년 이내에 상환 등으로 소멸할 것으로 예상되는 부채를 말한다.

② 유동부채에는 단기차입금, 매입채무, 미지급비용, 미지급금, 선수금, 선수수익, 예수금, 유동성장기부채 등이 포함된다.

제20조(비유동부채)

① '비유동부채'란 유동부채를 제외한 모든 부채를 말한다.

② 비유동부채에는 장기차입금, 임대보증금, 퇴직급여충당부채 등이 포함된다.

③ 확정급여형퇴직연금제도와 관련하여 별도로 운용되는 자산은 하나로 통합하여 '퇴직연금운용자산'으로 표시하고, 퇴직급여충당부채에서 차감하는 형식으로 재무상태표에 표시한다. 퇴직연금운용자산의 구성내역은 주석으로 기재한다.

제21조(제약없는순자산)

'제약없는순자산'이란 기부자(보조금을 제공하는 정부 등을 포함한다. 이하 같다)나 법령에 의해 사용이나 처분이 제약되지 않은 순자산을 말한다.

제22조(제약있는순자산)

'제약있는순자산'이란 기부자나 법령에 의해 사용이나 처분이 제약된 순자산을 말한다. 기부자나 법령에 의해 사용이나 처분이 제약되는 경우는 다음과 같다.

　1. 특정 비용을 집행하는 데에만 사용하거나, 투자자산에 투자하여 특정 기간 보유하

거나, 경제적 내용연수가 유한한 유형자산을 취득하여 그 내용연수에 걸쳐 보유하

거나 사용해야 하는 경우 등(즉, 일시제약이 있는 경우). 이 경우에 기부자나 법령에

의해 명시된 용도로 사용하거나 일정 기간이 경과하면 제약이 소멸된다.

2. 토지를 취득하여 영구적으로 보유하여 특정 목적에 사용하거나, 투자자산에 투자

하여 영구적으로 보유하여야 하는 경우 등(즉, 영구제약이 있는 경우)

제23조(구분된 순자산의 명칭, 순서 및 세분)

① 관행과 여건을 고려할 때 필요하다고 판단하는 경우에는 제약없는순자산, 제약있는

순자산 대신에 다른 명칭을 사용할 수 있다. 이 경우에는 각 명칭별로 제약의 유무

와 성격에 관한 설명을 주석으로 기재한다.

② 구분된 순자산은 제약없는순자산, 제약있는순자산의 순으로 배열한다. 다만, 관행

과 여건을 고려할 때 필요하다고 판단하는 경우에는 그 반대의 순서로 배열할 수도

있다.

③ 제1항과 제2항에 따라 구분된 순자산은 더 세분하여 그 정보를 재무상태표 본문에

표시하거나 주석으로 기재할 수 있다. 예를 들어, 다음 각호와 같이 할 수 있다.

1. 제약있는순자산을 일시제약순자산과 영구제약순자산으로 구분하여 재무상태표

본문에 표시하거나 주석으로 기재할 수 있다. 이 경우에는 제1항을 준용하여 다

른 명칭을 사용할 수 있다.

2. 비영리조직의 의사결정기구가 자율적으로 제약하는 순자산에 관한 정보를 제약

없는순자산 내에서 추가로 구분하여 재무상태표 본문에 표시하거나 주석으로 기

재할 수 있다.

제3장 운영성과표

제24조(운영성과표의 목적과 작성단위)

① 운영성과표의 목적은 순자산의 변화를 초래하는 거래와 사건의 영향 및 상호관계, 각종 활동이나 서비스 제공을 위한 자원의 사용 등에 대한 유용한 정보를 제공하는 것이다.

② 운영성과표는 비영리조직 전체를 하나의 재무제표 작성단위로 보아 작성한다. 다만, 비영리조직의 특성과 필요에 따라 운영성과표에 고유목적사업부문과 수익사업부문별로 열을 구분하고, 수익과 비용의 금액을 각 열에 배분하는 방식으로 표시할 수 있다. [적용사례의 사례 6 참조]

제25조(운영성과표 작성기준)

① 운영성과표에는 그 회계연도에 속하는 모든 수익 및 이에 대응하는 모든 비용과 그 밖의 순자산 증감을 적정하게 표시하여야 한다. [적용사례의 사례 2 참조]

② 운영성과표는 다음 각호에 따라 작성한다.

　　1. 모든 수익, 비용, 그 밖의 순자산 증감은 그것이 발생한 회계연도에 배분되도록 회계처리한다. 이 경우에 발생원가가 자산으로 인식되는 경우를 제외하고는 비용으로 인식한다.

　　2. 수익, 비용, 그 밖의 순자산 증감은 그 발생 원천에 따라 명확하게 분류하고, 수익항목과 이에 관련되는 비용항목은 대응하여 표시한다.

　　3. 수익, 비용, 그 밖의 순자산 증감은 총액으로 표시한다.

　　4. 운영성과표는 다음 각 목과 같이 구분하여 표시한다.

　　　　가. 사업수익

　　　　나. 사업비용

　　　　다. 사업이익(손실)

　　　　라. 사업외수익

마. 사업외비용

바. 제약없는순자산의 증가(감소)

사. 제약있는순자산의 증가(감소)

아. 순자산의 증가(감소)

자. 기초 순자산

차. 기말 순자산

제26조(사업수익)

① '사업수익'은 고유목적사업과 그에 부수되는 수익사업의 결과 경상적으로 발생하는 순자산의 증가를 말한다.

② 사업수익은 고유목적사업수익과 수익사업수익으로 구분하여 표시한다.

③ 고유목적사업수익은 비영리조직의 업종별 특성을 반영하여 기부금 수익, 보조금 수익, 회비 수익, 등록금 수익, 공연수익, 환자 진료수익 등으로 구분하여 표시한다.

④ 수익사업수익은 더 상세하게 구분하여 표시할 것이 요구되지 않지만, 비영리조직이 필요하다고 판단하는 경우에는 그 구분정보를 주석으로 기재할 수 있다.

⑤ 투자자산에서 발생하는 이자수익이나 배당수익, 평가손익과 처분손익이 고유목적 사업활동의 주된 원천이 되는 경우에는 사업수익에 포함한다. 다만, 해당 손익으로 인해 제약있는순자산의 금액이 변경되는 경우에는 제약있는순자산의 증가(감소)로 인식한다.

제27조(기부금 등의 수익인식과 측정)

① 현금이나 현물을 기부 받을 때에는 실제 기부를 받는 시점에 수익으로 인식한다.

② 현물을 기부받을 때에는 수익금액을 공정가치로 측정한다.

③ 실제 받지 않았더라도 납부가 강제되는 회비 등은 회수가 확실해지는 시점에 수익을 인식한다.

④ 기부자가 기부금의 사용에 제약을 가한 경우에는 사업수익으로 인식하지 않고 제약

있는순자산의 증가로 인식한다.

제28조(정부보조금의 수익인식)

정부보조금에 제약이 없는 경우에 해당 정부보조금은 사업수익으로 인식한다. 정부보조금에 제약이 있는 경우에는 제약있는순자산의 증가로 인식한다.

제29조(사업비용)

① '사업비용'은 고유목적사업과 그에 부수되는 수익사업의 결과 경상적으로 발생하는 순자산의 감소를 말한다.

② 사업비용은 고유목적사업비용과 수익사업비용으로 구분하여 표시한다.

③ 고유목적사업비용은 기능별, 성격별로 구분한다.

④ 고유목적사업비용을 기능별로 구분한다는 것은 다음 각호와 같이 사업수행비용, 일반관리비용으로 구분하는 것을 말한다.

  1. '사업수행비용'은 비영리조직이 추구하는 본연의 임무나 목적을 달성하기 위해 수혜자, 고객, 회원 등에게 재화나 용역을 제공하는 활동에서 발생하는 비용을 말한다.

  2. '일반관리비용'은 기획, 인사, 재무, 감독 등 제반 관리활동에서 발생하는 비용과 모금비용을 말한다. '모금비용'은 모금 행사, 기부자 명단 관리, 모금 고지서 발송 등과 같은 모금활동에서 발생하는 비용을 밀하며, 중요한 경우에는 일반관리비용과 별도로 구분하여 표시할 수 있다.

⑤ 고유목적사업비용을 성격별로 구분한다는 것은 다음 각호와 같이 인력비용, 시설비용, 기타비용으로 구분하는 것을 말한다.

  1. '인력비용'은 비영리조직에 고용된 인력과 관련된 비용으로서 급여, 상여금, 퇴직급여, 복리후생비, 교육훈련비 등을 포함한다.

  2. '시설비용'은 비영리조직의 운영에 사용되는 토지, 건물, 구축물, 차량 운반구 등 시설과 관련된 비용으로서 감가상각비, 지급임차료, 시설보험료, 시설유지관리비

등을 포함한다.

3. '기타비용'은 인력비용, 시설비용 외의 비용으로서 여비교통비, 소모품비, 수도광열비, 제세공과금, 지급수수료, 용역비, 업무추진비, 회의비, 대손상각비 등을 포함한다. 이 경우에 사회복지기관이 저소득층, 노인, 장애인 등 수혜자들에게 지급하는 지원금, 학술 장학기관이 저소득층 학생 등 수혜자들에게 지급하는 장학금, 의료기관이 지출하는 재료비(약품비와 진료재료비) 등 각 비영리조직의 특성에 따라 금액이 중요한 기타비용 항목은 별도로 구분하여 운영성과표 본문에 표시하거나 주석으로 기재한다.

⑥ 고유목적사업비용은 기능별로 구분한 비용을 운영성과표 본문에 표시하고, 각 구분비용에 대해 다시 성격별로 구분하여 분석한 정보를 주석으로 기재한다.

⑦ 제6항을 적용할 때 제4항이나 제5항에 따라 구분된 각 비용을 더 상세하게 구분한 비용정보를 적절히 운영성과표 본문에 추가하여 표시하거나 그 주석에 추가하여 기재할 수 있다. 예를 들어, 사업수행비용은 세부사업별로 추가 구분한 정보를 운영성과표 본문에 표시하거나 주석으로 기재할 수 있다.

⑧ 수익사업비용은 더 상세하게 구분하여 표시할 것이 요구되지 않지만, 비영리조직이 필요하다고 판단하는 경우에는 그 구분정보(예: 매출원가, 판매비와 관리비 등)를 주석으로 기재할 수 있다. 수익사업비용을 인력비용, 시설비용, 기타비용으로 구분하여 분석한 정보는 주석으로 기재한다.

제30조(공통비용 배분)

어떤 비용항목이 복수의 활동에 관련되는 경우에는 활동 간에 비용을 배분한다. 이 경우에 다음 각호와 같이 비영리조직의 사업성격과 운영방법에 맞추어 합리적인 배분기준을 수립하여 일관되게 적용한다.

1. 인력비용은 해당 인력이 활동별로 투입한 업무시간에 기초하여 배분한다.

2. 시설비용은 활동별로 관련되는 시설 면적이나 사용빈도를 직접적으로 구분할 수 있다면 그 면적과 사용빈도 기준에 따라 배분하며, 직접적으로 구분할 수 없다면

다른 적절한 배분기준을 수립하여 적용한다.

3. 기타비용은 활동별 인력비용이나 시설비용에 대체로 비례하는 항목들은 그 기준에 따라 배분하며 그 밖에는 다른 적절한 배분 기준을 수립하여 적용한다.

제31조(사업외수익)

① '사업외수익'은 사업수익이 아닌 수익을 말한다.

② 사업외수익에는 이자수익, 배당수익, 투자자산 평가이익과 처분이익, 유형·무형자산손상차손환입, 유형·무형자산처분이익 등을 포함한다. 다만, 다음 각호의 경우에는 사업외수익에 포함하지 않는다.

1. 투자자산에서 발생하는 이자수익이나 배당수익, 평가이익과 처분이익이 고유목적사업활동의 주된 원천이 되기 때문에 제26조 제5항에 따라 사업수익에 포함한 경우

2. 투자자산에서 발생하는 이자수익이나 배당수익, 평가이익과 처분이익으로 인해 제약있는순자산의 금액이 변경되기 때문에 제약있는순자산의 증가로 인식하는 경우

③ 유형자산재평가이익은 사업외수익에 포함한다. 다만, 해당 재평가이익으로 인해 제약있는순자산의 금액이 변경되는 경우에는 제약있는순자산의 증가로 인식한다.

제32조(사업외비용)

① '사업외비용'은 사업비용이 아닌 비용을 말한다.

② 사업외비용은 이자비용, 투자자산 평가손실과 처분손실, 유형·무형자산손상차손, 유형·무형자산처분손실 등을 포함한다. 다만, 다음의 경우에는 사업외비용에 포함하지 않는다.

1. 투자자산에서 발생하는 평가손실과 처분손실이 고유목적사업활동의 주된 원천에 영향을 주기 때문에 제26조 제5항에 따라 사업수익에 반영된 경우

2. 투자자산에서 발생하는 평가손실과 처분손실로 인해 제약있는순자산의 금액이

변경되기 때문에 제약있는순자산의 감소로 인식하는 경우

③ 유형자산재평가손실은 사업외비용에 포함한다. 다만, 해당 재평가손실로 인해 제약
있는순자산의 금액이 변경되는 경우에는 제약있는순자산의 감소로 인식한다.

제33조(법인세비용)

비영리조직이 법인세를 부담하는 경우에는 일반기업회계기준 제22장 '법인세회계'와
제31장 '중소기업 회계처리 특례'의 법인세 회계처리를 고려하여 회계정책을 개발하여
회계처리한다.

제34조[제약없는순자산의 증가(감소)]

① 제약없는순자산의 증가(감소)는 다음 제1호에서 제2호를 차감하여 계산한다.

   1. 사업수익, 사업외수익을 합한 수익 합계금액

   2. 사업비용, 사업외비용을 합한 비용 합계금액

② 관행과 여건을 고려할 때 필요하다고 판단하는 경우에는 제약없는순자산의 증가(감
소) 대신 '당기순이익(손실)'이라는 명칭을 사용할 수 있다.

제35조[제약있는순자산의 증가(감소)]

제약있는순자산의 증가(감소)는 사용이나 처분에 제약이 있는 기부금 수익, 투자자산
이자수익·배당수익, 투자자산 평가손익·처분손익, 유형자산재평가손익과 제약해제순자
산 등을 포함한다. 제약있는순자산에 대한 제약이 사업수행에 따라 해제되거나 시간경
과에 따라 해제되는 경우에는 이를 제약있는순자산에서 차감하고 같은 금액을 그 성격
에 따라 당해 연도 사업수익이나 사업외수익으로 인식하며, 그 제약해제순자산의 내용
과 금액, 사업수익이나 사업외수익의 항목 중 어디에 표시했는지를 주석으로 기재한다.

제36조[순자산의 증가(감소)]

제약없는순자산의 증가(감소)와 제약있는순자산의 증가(감소)를 합하여 순자산의 증가(감소)로 표시한다.

제4장 현금흐름표

제37조(현금흐름표의 목적과 작성단위)

① 현금흐름표의 목적은 일정 기간에 걸쳐 현금의 유입과 유출에 대한 정보를 제공하는 것이다.

② 현금흐름표는 비영리조직 전체를 하나의 재무제표 작성단위로 보아 작성한다. 다만, 비영리조직의 특성과 필요에 따라 현금흐름표에 고유목적사업부문과 수익사업부문별로 열을 구분하고, 현금흐름 금액을 각 열에 배분하는 방식으로 표시할 수 있다. [적용사례의 사례 7, 8 참조]

제38조(현금흐름표 작성기준)

① 현금흐름표에는 그 회계연도에 속하는 현금의 유입과 유출내용을 적정하게 표시하여야 한다.

② 현금흐름표는 현금흐름을 사업활동, 투자활동, 재무활동 현금흐름으로 구분하여 표시하고, 이 세 가지 활동의 순현금흐름에 기초의 현금을 가산하여 기말의 현금을 산출하는 형식으로 표시한다. [적용사례의 사례 3, 4 참조]

제39조(사업활동 현금흐름)

① 사업활동은 투자활동이나 재무활동에 속하지 아니하는 모든 거래와 사건을 포함한다.

② 사업활동 현금유입에는 제약 없는 기부금 수입, 보조금 수입, 회비 수입, 등록금 수입, 투자자산 수입, 공연 수입, 환자 진료 수입, 수익사업 수입 등이 포함된다.

③ 사업활동 현금유출에는 인력비용 지출, 시설비용 지출, 기타비용 지출, 수익사업비용 지출 등이 포함된다.

제40조(사업활동 현금흐름의 표시방법)

① 사업활동 현금흐름은 직접법이나 간접법으로 표시한다.

② '직접법'이란 현금을 수반하여 발생한 수익이나 비용 항목을 총액으로 표시하되, 현금유입액은 원천별로 현금유출액은 용도별로 분류하여 표시하는 방법을 말한다.

③ '간접법'이란 제약없는순자산의 증가(감소)[또는 당기순이익(손실)]에 현금의 유출이 없는 비용 등을 가산하고 현금의 유입이 없는 수익 등을 차감하며, 사업활동으로 인한 자산·부채의 변동을 가산하거나 차감하여 표시하는 방법을 말한다.

  1. '현금의 유출이 없는 비용 등'이란 현금의 유출이 없는 비용, 투자활동과 재무활동으로 인한 비용을 말한다.

  2. '현금의 유입이 없는 수익 등'이란 현금의 유입이 없는 수익, 투자활동과 재무활동으로 인한 수익을 말한다.

  3. '사업활동으로 인한 자산·부채의 변동'이란 사업활동과 관련하여 발생한 유동자산·유동부채의 증가나 감소를 말한다.

제41조(투자활동 현금흐름)

① '투자활동'이란 현금의 대여와 회수활동, 투자자산·유형자산·무형자산의 취득과 처분활동 등을 말한다.

② 투자활동 현금유입에는 투자자산·유형자산·무형자산의 처분 등이 포함된다.

③ 투자활동 현금유출에는 투자자산·유형자산·무형자산의 취득 등이 포함된다.

제42조(재무활동 현금흐름)

① '재무활동'이란 현금의 차입 및 상환, 제약 있는 기부금 수입 등 부채와 제약있는순자산에 영향을 미치는 거래를 말한다.

② 재무활동 현금유입에는 제약 있는 기부금 수입, 단기차입금·장기차입금의 차입 등이 포함된다.

③ 재무활동 현금유출에는 단기차입금·장기차입금의 상환 등이 포함된다.

제5장 자산·부채의 평가

제43조(자산의 평가 기준)

① 자산은 최초에 취득원가로 인식한다.

② 교환, 증여, 그 밖에 무상으로 취득한 자산은 공정가치(합리적인 판단력과 거래 의사가 있는 독립된 당사자 사이의 거래에서 자산이 교환되거나 부채가 결제될 수 있는 금액을 말한다. 이하 같다)를 취득원가로 한다.

③ 이 기준에서 별도로 정하는 경우를 제외하고는, 자산의 진부화, 시장가치의 급격한 하락 등으로 인하여 자산의 회수가능액이 장부금액에 중요하게 미달되는 경우에는 장부금액을 회수가능액으로 조정하고 그 차액을 손상차손으로 처리한다. 이 경우에 회수가능액은 다음 제1호와 제2호 중 큰 금액으로 한다.

1. 순공정가치: 합리적인 판단력과 거래 의사가 있는 독립된 당사자 사이의 거래에서 자산의 매각으로부터 수취할 수 있는 금액에서 처분부대원가를 차감한 금액
2. 사용가치: 자산에서 창출될 것으로 기대되는 미래 현금흐름의 현재가치

④ 과거 회계연도에 인식한 손상차손이 더 이상 존재하지 않거나 감소하였다면 자산의 회수가능액이 장부금액을 초과하는 금액은 손상차손환입으로 인식한다. 다만, 손상차손환입으로 증가된 장부금액은 과거에 손상차손을 인식하기 전 장부금액의 감가상각이나 상각 후 잔액을 초과할 수 없다.

제44조(매출채권, 미수금 등의 평가)

① 원금이나 이자 등의 일부나 전부를 회수하지 못할 가능성이 있는 매출채권, 미수금 등은 합리적이고 객관적인 기준에 따라 대손추산액을 산출하여 대손충당금으로 설정하고, 기존 대손충당금 잔액과의 차이는 대손상각비로 인식한다.

② 매출채권, 미수금 등의 원금이나 이자 등의 일부나 전부를 회수할 수 없게 된 경우에는 대손충당금과 상계하고, 대손충당금이 부족한 경우에는 그 부족액을 대손상각비로 인식한다.

③ 매출채권의 대손은 사업비용(대손상각비)으로 분류한다. 고유목적사업과 관련된 미
수금의 대손은 사업비용(대손상각비)으로 분류하고, 수익사업과 관련된 미수금의 대
손은 사업외비용(기타의 대손상각비)으로 분류한다. 그 밖의 채권의 대손은 사업외비
용(기타의 대손상각비)으로 분류한다.

제45조(유형자산과 무형자산의 평가)

① 유형자산과 무형자산의 취득원가는 구입가격이나 제작원가와 의도하는 방식으로
자산을 가동하는 데 필요한 장소와 상태에 이르게 하는 데 직접 관련되는 원가를
포함한 금액을 말한다.

② 최초 인식 후에 유형자산과 무형자산의 장부금액은 다음 각호에 따라 결정한다.

1. 유형자산: 취득원가(자본적 지출을 포함한다. 이하 이 조에서 같다)에서 감가상각누계
액과 손상차손누계액을 차감한 금액

2. 무형자산: 취득원가에서 상각누계액과 손상차손누계액을 차감한 금액

③ 취득원가에서 잔존가치를 차감하여 결정되는 유형자산의 감가상각대상금액과 무형
자산의 상각대상금액은 해당 자산을 사용할 수 있는 때부터 내용연수에 걸쳐 배분
하여 상각한다.

④ 유형자산과 무형자산의 내용연수는 자산의 예상 사용기간이나 생산량 등을 고려하
여 합리적으로 결정한다.

⑤ 유형자산의 감가상각방법과 무형자산의 상각방법은 다음 각호에서 자산의 경제적효
익이 소멸되는 형태를 반영한 합리적인 방법을 선택하여 소멸형태가 변하지 않는 한
매기 계속 적용한다.

1. 정액법

2. 정률법

3. 연수합계법

4. 생산량비례법

⑥ 전시·교육·연구 등의 목적으로 보유 중인 예술작품, 유물과 같은 역사적 가치가 있

는 유형자산은 일반적으로 시간이 경과하더라도 가치가 감소하지 않으므로 감가상
각을 적용하지 아니한다.

제46조(유형자산의 재평가)

① 최초 인식 후에 공정가치를 신뢰성 있게 측정할 수 있는 유형자산은 재평가를 할 수
있다. 이 경우에 재평가일의 공정가치에서 이후의 감가상각누계액과 손상차손누계
액을 차감한 재평가금액을 장부금액으로 한다.

② 유형자산을 재평가할 때, 재평가 시점의 총장부금액에서 기존의 감가상각누계액을
제거하여 자산의 순장부금액이 재평가금액이 되도록 수정한다.

③ 재평가를 실시하여 발생한 재평가차액은 운영성과표에 사업외수익이나 사업외비용
으로 인식한다. 다만, 재평가차액으로 인해 제약있는순자산의 금액이 변경되는 경우
에는 운영성과표에 제약있는순자산의 증가(감소)로 인식한다.

④ 재평가차액 누적금액은 재무상태표상 해당 순자산 분류(제약없는순자산, 제약있는순자
산) 내에서 세부항목으로 별도 표시하거나 주석으로 기재한다.

제47조(투자유가증권의 평가)

① 신뢰성 있는 공정가치를 쉽게 얻을 수 있는 투자유가증권은 공정가치로, 그렇지 않
은 투자유가증권은 취득원가로 평가한다.

② 공정가치로 평가된 투자유가증권에 대해서는 재무제표 본문에 표시된 공정가치를
취득원가와 비교하는 정보를 주석으로 기재한다. 이 경우에 제15조 제3항에 따라
구분된 국공채, 회사채, 수익증권, 주식별로 공정가치를 취득원가와 비교하는 정보
를 주석으로 기재한다.

제48조(퇴직급여충당부채의 평가)

① 퇴직급여충당부채는 재무상태표일 현재 전임직원이 일시에 퇴직할 경우에 지급하여
야 할 퇴직금에 상당하는 금액으로 한다.

② 확정기여형퇴직연금제도를 설정한 경우에는 퇴직급여충당부채와 관련 퇴직연금운용자산을 인식하지 않는다. 다만, 해당 회계기간에 대하여 비영리조직이 납부하여야 할 부담금을 퇴직급여(비용)로 인식하고, 미납부액이 있는 경우에는 미지급비용(부채)으로 인식한다.

제6장 주석

제49조(주석의 정의)

'주석'이란 재무제표 본문[재무상태표, 운영성과표, 현금흐름표(또는 이에 갈음하는 수지계산서)를 말한다]의 전반적인 이해를 돕는 일반사항에 관한 정보, 재무제표 본문에 표시된 항목을 구체적으로 설명하거나 세분화하는 정보, 재무제표 본문에 표시할 수 없는 회계사건, 그 밖의 사항으로 재무제표에 중요한 영향을 미치거나 재무제표의 이해를 위하여 필요하다고 판단되는 정보를 재무제표 본문에 추가하여 기재하는 것을 말한다.

제50조(필수적 주석기재사항)

비영리조직은 이 기준의 다른 조항에서 주석으로 기재할 것을 요구하거나 허용하는 사항 외에 다음 각호의 사항을 주석으로 기재한다.

1. 비영리조직의 개황, 주요사업 내용
2. 비영리조직이 채택한 회계정책(자산·부채의 평가기준, 수익과 비용의 인식기준을 포함한다)
3. 순자산에 제약이 있는 경우에 그 성격
4. 질권 등이 설정된 현금 및 현금성 자산의 내용
5. 차입금 등 현금 등으로 상환하여야 하는 부채의 주요 내용
6. 현물기부의 내용
7. 제공하거나 제공받은 담보·보증의 주요 내용
8. 특수관계인(「법인세법 시행령」 제87조의 정의에 따른다)과의 중요한 거래의 내용
9. 회계연도 말 현재 진행 중인 소송 사건의 내용, 소송금액, 진행 상황 등
10. 그 밖에 일반기업회계기준에서 정하는 주석기재사항 중 비영리조직에 관련성이 있고 그 성격이나 금액이 중요한 사항

제51조(선택적 주석기재사항)

이 기준에서 요구하는 주석기재사항 외에도 재무제표의 유용성을 제고하고 공정한

표시를 위하여 필요한 정보는 재무제표 작성자의 판단으로 주석에 기재할 수 있다. 예를 들어, 비영리조직이 감독목적이나 내부관리목적으로 복수의 구분된 단위로 회계를 하는 경우에 각 회계단위별로 작성된 재무제표의 전부나 일부를 주석으로 기재할 수 있으며 제약있는순자산을 일시제약순자산과 영구제약순자산으로 구분한 정보와 제약있는순자산의 변동을 일시제약순자산의 변동과 영구제약순자산의 변동으로 구분한 정보를 주석으로 기재할 수 있다.

제52조(주석기재방법)

주석기재는 재무제표 이용자의 이해와 편의를 도모하기 위하여 다음 각호에 따라 체계적으로 작성한다.

1. 재무제표의 개별항목에 대한 주석 정보는 해당 개별항목에 기호를 붙이고 주석에 동일한 기호를 표시하여 그 내용을 설명한다.
2. 하나의 주석이 재무제표의 둘 이상의 개별항목과 관련된 경우에는 해당 개별항목 모두에 주석의 기호를 표시한다.
3. 하나의 주석에 포함된 정보가 다른 주석과 관련된 경우에도 해당되는 주석 모두에 관련된 주석의 기호를 표시한다.

부칙(2017. 7. 20.)

제1조(시행일)

이 기준은 2018년 1월 1일 이후 최초로 시작되는 회계연도부터 적용하되 조기 적용할 수도 있다. 이 기준을 조기 적용하는 경우에는 그 사실을 공시한다.

제2조(경과규정)

이 기준은 소급적용한다. 다만, 이 기준의 모든 요구사항에 대한 소급적용의 영향을 실무적으로 결정할 수 없는 경우에는 이 기준을 실무적으로 적용할 수 있는 최초 회계기간까지만 소급적용한다. 그 최초 회계기간은 당기일 수도 있으며 이 경우에는 당기 초부터 전진 적용한다.

※ 적용사례: 재무제표 양식의 예시

[사례 1] 재무상태표

[사례 2] 운영성과표

[사례 3] 현금흐름표_직접법

[사례 4] 현금흐름표_간접법

[사례 5] 재무상태표_고유목적사업부문과 수익사업부문별로 열을 구분하는 방식

[사례 6] 운영성과표_고유목적사업부문과 수익사업부문별로 열을 구분하는 방식

[사례 7] 현금흐름표_직접법_고유목적사업부문과 수익사업부문별로 열을 구분하는 방식

[사례 8] 현금흐름표_간접법_고유목적사업부문과 수익사업부문별로 열을 구분하는 방식

[사례 2] 운영성과표

운영성과표

제×기 20××년 ×월 ×일부터 20××년 ×월 ×일까지

제×기 20××년 ×월 ×일부터 20××년 ×월 ×일까지

비영리조직명   (단위 : 원)

과목	당기		전기	
제약없는순자산의 변동				
사업수익		×××		×××
고유목적사업수익	×××		×××	
기부금 수익	×××		×××	
보조금 수익	×××		×××	
회비 수익	×××		×××	
등록금 수익	×××		×××	
투자자산 관련 손익[1]	×××		×××	
공연수익	×××		×××	
환자진료수익	×××		×××	
……	×××		×××	
수익사업수익	×××		×××	
사업비용[2]		×××		×××
고유목적사업비용	×××		×××	
사업수행비용	×××		×××	
○○사업수행비용	×××		×××	
△△사업수행비용	×××		×××	
……	×××		×××	
일반관리비용[3]	×××		×××	
수익사업비용[4]	×××		×××	

과목	당기		전기	
사업이익(손실)		xxx		xxx
사업외수익		xxx		xxx
이자수익	xxx		xxx	
배당수익	xxx		xxx	
투자자산평가이익	xxx		xxx	
투자자산처분이익	xxx		xxx	
유형자산손상차손환입	xxx		xxx	
유형자산처분이익	xxx		xxx	
유형자산재평가이익[5]	xxx		xxx	
무형자산손상차손환입	xxx		xxx	
무형자산처분이익	xxx		xxx	
외환차익	xxx		xxx	
외화환산이익	xxx		xxx	
……	xxx		xxx	
사업외비용		xxx		xxx
이자비용	xxx		xxx	
기타의 대손상각비	xxx		xxx	
투자자산평가손실	xxx		xxx	
투자자산처분손실	xxx		xxx	
유형자산손상차손	xxx		xxx	
유형자산처분손실	xxx		xxx	
유형자산재평가손실[5]	xxx		xxx	
무형자산손상차손	xxx		xxx	
무형자산처분손실	xxx		xxx	
외환차손	xxx		xxx	
외화환산손실	xxx		xxx	
……				

과목	당기		전기	
제약없는순자산의 증가(감소) [또는 당기순이익(손실)]		×××		×××
제약있는순자산의 변동				
기부금 수익	×××		×××	
이자수익	×××		×××	
배당수익	×××		×××	
투자자산평가손익	×××		×××	
투자자산처분손익	×××		×××	
유형자산재평가손익	×××		×××	
제약해제순자산	×××		×××	
……	×××		×××	
제약있는순자산의 증가(감소)		×××		×××
순자산의 증가(감소)		×××		×××
기초 순자산		×××		×××
기말 순자산		×××		×××

공익법인 회계기준

※ [기획재정부 고시 제2017-35호] – 기획재정부(재산세제과),
  044-215-4311

기획재정부 고시 제2017-35호

공익법인 회계기준

기획재정부(재산세제과), 044-215-4311

제1장 총칙

제1조(목적)

공익법인 회계기준(이하 '이 기준'이라 한다)은 「상속세 및 증여세법」 제50조의4 및 같은 법 시행령 제43조의4에 따라 같은 법 제16조 제1항에 따른 공익법인등(이하 '공익법인'이라 한다)의 회계처리 및 재무제표를 작성하는 데 적용되는 기준을 제시하는 것을 목적으로 한다.

제2조(적용)

이 기준은 공익법인이 「상속세 및 증여세법」 제50조 제3항에 따라 회계감사를 받는 경우 및 같은 법 제50조의3에 따라 결산서류 등을 공시하는 경우 등에 적용한다.

제3조(보고실체)

이 기준에 따라 재무제표를 작성할 때에는 공익법인 전체를 하나의 보고실체로 하여 작성한다.

제4조(복식부기와 발생주의)

① 이 기준에 따라 회계처리 및 재무제표를 작성할 때는 발생주의 회계원칙에 따라 복

식부기 방식으로 하여야 한다.

② '복식부기'란 공익법인의 자산, 부채, 순자산의 증감 및 변화과정과 그 결과를 계정과목을 통하여 대변과 차변으로 구분하여 이중기록·계산이 되도록 하는 부기형식을 말한다.

③ '발생주의'란 현금의 수수와는 관계없이 수익은 실현되었을 때 인식하고 비용은 발생되었을 때 인식하는 개념으로서 기간손익을 계산할 때 경제가치량의 증가나 감소의 사실이 발생한 때를 기준으로 수익과 비용을 인식하는 것을 말한다.

제5조(재무제표)

이 기준에서 재무제표는 다음 각호의 서류로 구성된다.

1. 재무상태표

2. 운영성과표

3. 위 제1호 및 제2호의 서류에 대한 주석

제6조(다른 법령과의 관계 등)

① 공익법인의 회계처리 및 재무제표 작성에 관하여 이 기준에서 정하지 아니한 사항은 일반기업회계기준에 따른다.

② 제4조 제2항 및 제3항에 따른 공익법인의 회계처리 및 재무제표 작성에 관하여 다른 법령에서 특별한 규정이 있는 경우 외에는 이 기준에 따른다.

제7조(회계정책, 회계추정의 변경 및 오류수정)

① 재무제표를 작성할 때 채택한 회계정책이나 회계추정은 비슷한 종류의 사건 또는 거래의 회계처리에도 동일하게 적용한다.

② '회계정책의 변경'이란 재무제표의 작성에 적용하던 회계정책을 다른 회계정책으로 바꾸는 것을 말한다.

③ 이 기준에서 변경을 요구하거나, 회계정책의 변경을 반영한 재무제표가 신뢰성 있고

더 목적 적합한 정보를 제공하는 경우에만 회계정책을 변경할 수 있다.

④ '회계추정의 변경'이란 환경의 변화, 새로운 정보의 입수 또는 경험의 축적에 따라 회계적 추정치의 근거와 방법 등을 바꾸는 것을 말한다. 이 경우 회계추정에는 대손의 추정, 감가상각자산에 내재된 미래 경제적 효익의 예상되는 소비형태의 유의적인 변동, 감가상각자산의 내용연수 또는 잔존가치의 추정 등이 포함된다.

⑤ 변경된 회계정책은 소급하여 적용하며 소급적용에 따른 수정사항을 반영하여 비교재무제표를 재작성한다.

⑥ 회계추정의 변경은 전진적으로 회계처리하여 그 효과를 당기와 그 이후의 회계연도에 반영한다.

⑦ '오류수정'이란 전기 또는 그 이전 회계연도의 재무제표에 포함된 회계적 오류를 당기에 발견하여 수정하는 것을 말한다.

⑧ 당기에 발견한 전기 또는 그 이전 회계연도의 오류는 당기 운영성과표에 사업외손익 중 전기오류수정손익으로 보고한다. 다만, 전기 또는 그 이전 회계연도에 발생한 중대한 오류의 수정은 비교재무제표를 재작성하여 반영한다. 중대한 오류는 재무제표의 신뢰성을 심각하게 손상할 수 있는 매우 중요한 오류를 말한다.

제8조(재무제표의 구분·통합 표시)

중요한 항목은 재무제표의 본문 또는 주석에 그 내용을 가장 잘 나타낼 수 있도록 구분하여 표시한다.

제9조(비교재무제표의 작성)

① 재무제표의 기간별 비교가능성을 제고하기 위하여 전기 재무제표상의 모든 계량정보를 당기와 비교하는 형식으로 표시한다.

② 전기 재무제표상의 비계량정보가 당기 재무제표를 이해하는 데 관련된 경우에는 이를 당기의 정보와 비교하여 주석으로 기재한다.

제2장 재무상태표

제10조(재무상태표의 목적과 작성단위)

① 재무상태표는 회계연도 말 현재 공익법인의 자산, 부채 및 순자산을 표시함으로써 다음 각호의 정보를 제공하는 것을 목적으로 한다.

　1. 공익법인이 정관상 목적사업을 지속적으로 수행할 수 있는 능력

　2. 공익법인의 유동성 및 재무건전성

② 재무상태표의 작성은 공익법인을 하나의 작성단위로 보아 통합하여 작성하되, 공익목적사업부문과 기타사업부문으로 각각 구분하여 표시한다.

제11조(재무상태표 작성기준)

① 재무상태표에는 회계연도 말 현재 공익법인의 모든 자산, 부채 및 순자산을 적정하게 표시한다. 〔별지 제1호 서식 참조〕

② 재무상태표 구성요소의 정의는 다음 각호와 같다.

　1. '자산'이란 과거의 거래나 사건의 결과로 현재 공익법인에 의해 지배되고 미래에 경제적 효익을 창출할 것으로 예상되는 자원을 말한다.

　2. '부채'란 과거의 거래나 사건의 결과로 현재 공익법인이 부담하고 있고 미래에 자원이 유출되거나 사용될 것으로 예상되는 의무를 말한다.

　3. '순자산'이란 공익법인의 자산 총액에서 부채 총액을 차감한 잔여 금액을 말한다.

③ 자산과 부채는 각각 다음 각호의 조건을 충족하는 경우에 재무상태표에 인식한다.

　1. 자산: 해당 항목에서 발생하는 미래경제적 효익이 공익법인에 유입될 가능성이 매우 높고, 그 원가를 신뢰성 있게 측정할 수 있다.

　2. 부채: 해당 의무를 이행하기 위하여 경제적 자원이 유출될 가능성이 매우 높고, 의무의 이행에 소요되는 금액을 신뢰성 있게 측정할 수 있다.

④ 자산, 부채 및 순자산은 다음 각호에 따라 구분한다.

　1. 자산은 유동자산 및 비유동자산으로 구분하고, 비유동자산은 투자자산, 유형자

산, 무형자산 및 기타 비유동자산으로 구분한다.

  2. 부채는 유동부채, 비유동부채로 구분하며 고유목적사업준비금을 부채로 인식할 수 있다.

  3. 순자산은 기본순자산, 보통순자산, 순자산조정으로 구분한다.

⑤ 자산과 부채는 유동성이 높은 항목부터 배열한다.

⑥ 자산과 부채는 상계하여 표시하지 않는다.

제12조(유동자산)

① '유동자산'은 회계연도 말부터 1년 이내에 현금화되거나 실현될 것으로 예상되는 자산을 말한다.

② 유동자산에는 현금 및 현금성 자산, 단기투자자산, 매출채권, 선급비용, 미수수익, 미수금, 선급금 및 재고자산 등이 포함된다.

③ 매출채권, 미수금 등에 대한 대손충당금은 해당 자산의 차감계정으로, 재고자산평가충당금은 재고자산 각 항목의 차감계정으로 재무상태표에 표시한다.

제13조(투자자산)

① '투자자산'이란 장기적인 투자 등과 같은 활동의 결과로 보유하는 자산을 말한다.

② 투자자산에는 장기성 예·적금, 장기투자증권과 장기대여금 등이 포함된다.

제14조(유형자산)

① '유형자산'이란 재화를 생산하거나 용역을 제공하기 위하여, 또는 타인에게 임대하거나 직접 사용하기 위하여 보유한 물리적 형체가 있는 자산으로 1년을 초과하여 사용할 것으로 예상되는 자산을 말한다.

② 유형자산에는 토지, 건물, 구축물, 기계장치, 차량 운반구와 건설 중인 자산 등이 포함된다.

③ 유형자산의 감가상각누계액과 손상차손누계액은 유형자산 각 항목의 차감계정으로

재무상태표에 표시한다.

④ 유형자산을 폐기하거나 처분하는 경우 그 자산을 재무상태표에서 제거하고 처분금액과 장부금액의 차액을 유형자산처분손익으로 인식한다.

제15조(무형자산)

① '무형자산'이란 재화를 생산하거나 용역을 제공하기 위하여, 또는 타인에게 임대하거나 직접 사용하기 위하여 보유한 물리적 형체가 없는 비화폐성자산을 말한다.

② 무형자산에는 지식재산권, 개발비, 컴퓨터소프트웨어, 광업권, 임차권리금 등이 포함된다.

③ 무형자산은 상각누계액과 손상차손누계액을 취득원가에서 직접 차감한 잔액으로 재무상태표에 표시한다.

④ 무형자산을 처분하는 경우 그 자산을 재무상태표에서 제거하고 처분금액과 장부금액의 차액을 무형자산처분손익으로 인식한다.

제16조(기타 비유동자산)

① '기타 비유동자산'이란 투자자산, 유형자산 및 무형자산에 속하지 않는 비유동자산을 말한다.

② 기타 비유동자산에는 임차보증금, 장기선급비용과 장기미수금 등이 포함된다.

제17조(유동부채)

① '유동부채'는 회계연도 말부터 1년 이내에 상환 등을 통하여 소멸할 것으로 예상되는 부채를 말한다.

② 유동부채에는 단기차입금, 매입채무, 미지급비용, 미지급금, 선수금, 선수수익, 예수금과 유동성장기부채 등이 포함된다.

제18조(비유동부채)

① '비유동부채'란 유동부채를 제외한 모든 부채를 말하며, 고유목적사업준비금을 부채로 인식하는 경우에는 유동부채와 고유목적사업준비금을 제외한 모든 부채를 말한다.

② 비유동부채에는 장기차입금, 임대보증금과 퇴직급여충당부채 등이 포함된다.

제19조(고유목적사업준비금)

① 고유목적사업준비금이란 법인세법 제29조에 따라 고유목적사업이나 지정기부금에 사용하기 위해 미리 비용으로 계상하면서 동일한 금액으로 인식한 부채계정으로, 유동부채와 비유동부채로 구분하지 않고 별도로 표시한다.

② 제1항은 고유목적사업준비금을 부채로 인식하는 경우에 한하여 적용한다.

제20조(기본순자산)

① '기본순자산'이란 사용이나 처분에 '영구적 제약'이 있는 순자산을 말한다.

② '영구적 제약'이란 법령, 정관 등에 의해 사용이나 처분 시 주무관청 등의 허가가 필요한 경우를 말한다.

제21조(보통순자산)

① '보통순자산'이란 '기본순자산'이나 '순자산조정'이 아닌 순자산을 말한다.

② '보통순자산'은 잉여금과 적립금으로 구분하고, 적립금은 미래 특정 용도로 사용하기 위하여 적립해두는 준비금이나 임의적립금 등이 해당한다.

제22조(순자산조정)

'순자산조정'이란 순자산 가감성격의 항목으로서 매도가능증권평가손익, 유형자산재평가이익 등이 포함된다.

제3장 운영성과표

제23조(운영성과표의 목적과 작성단위)

① 운영성과표는 해당 회계연도의 모든 수익과 비용을 표시함으로써 다음 각호의 정보를 제공하는 것을 목적으로 한다.

1. 공익법인의 사업 수행 성과
2. 관리자의 책임 수행 정도

② 운영성과표의 작성은 공익법인을 하나의 작성단위로 보아 통합하여 작성하되, 공익목적사업부문과 기타사업부문으로 각각 구분하여 표시한다.

제24조(운영성과표 작성기준)

① 운영성과표에는 그 회계연도에 속하는 모든 수익 및 이에 대응하는 모든 비용을 적정하게 표시한다. 〔별지 제2호 서식 참조〕

② 운영성과표는 다음 각호에 따라 작성한다.

1. 모든 수익과 비용은 그것이 발생한 회계연도에 배분되도록 회계처리한다. 이 경우 발생한 원가가 자산으로 인식되는 경우를 제외하고는 비용으로 인식한다.
2. 수익과 비용은 그 발생 원천에 따라 명확하게 분류하고, 수익항목과 이에 관련되는 비용항목은 대응하여 표시한다.
3. 수익과 비용은 총액으로 표시한다.
4. 운영성과표는 다음 각 목과 같이 구분하여 표시한다.
   가. 사업수익
   나. 사업비용
   다. 사업이익(손실)
   라. 사업외수익
   마. 사업외비용
   바. 고유목적사업준비금을 부채로 인식하는 경우 고유목적사업준비금전입액

사. 고유목적사업준비금을 부채로 인식하는 경우 고유목적사업준비금환입액

아. 법인세비용차감전 당기운영이익(손실)

자. 법인세비용

차. 당기운영이익(손실)

제25조(사업수익)

① '사업수익'은 공익목적사업과 기타사업의 결과 경상적으로 발생하는 자산의 증가 또는 부채의 감소를 말한다.

② 사업수익은 공익목적사업수익과 기타사업수익으로 구분하여 표시한다.

③ 공익목적사업수익은 공익법인의 특성을 반영하여 기부금 수익, 보조금 수익, 회비 수익 등으로 구분하여 표시한다.

④ 기타사업수익은 공익법인이 필요하다고 판단하는 경우에는 그 구분정보를 운영성과 표 본문에 표시하거나 주석으로 기재할 수 있다.

⑤ 이자수익 또는 배당수익과 처분손익 등이 공익목적사업활동의 주된 원천이 되는 경우에는 사업수익에 포함한다.

제26조(기부금 등의 수익인식과 측정)

① 현금이나 현물을 기부받을 때에는 실제 기부를 받는 시점에 수익으로 인식한다.

② 현물을 기부받을 때에는 수익금액을 공정가치(합리적인 판단력과 거래 의사가 있는 독립된 당사자 사이의 거래에서 자산이 교환되거나 부채가 결제될 수 있는 금액을 말한다. 이하 같다)로 측정한다.

③ 납부가 강제되는 회비 등에 대해서는 발생주의에 따라 회수가 확실해지는 시점에 수익을 인식할 수 있다.

④ 기부금 등이 기본순자산에 해당하는 경우 사업수익으로 인식하지 않고 기본순자산의 증가로 인식한다.

제27조(사업비용)

① '사업비용'은 공익목적사업과 기타사업의 결과 경상적으로 발생하는 자산의 감소 또는 부채의 증가를 말한다.

② 사업비용은 공익목적사업비용과 기타사업비용으로 구분하여 표시한다.

③ 공익목적사업비용은 활동의 성격에 따라 다음 각호와 같이 사업수행비용, 일반관리비용, 모금비용으로 구분하여 표시한다.

  1. '사업수행비용'은 공익법인이 추구하는 본연의 임무나 목적을 달성하기 위해 수혜자, 고객, 회원 등에게 재화나 용역을 제공하는 활동에서 발생하는 비용을 말한다.

  2. '일반관리비용'은 기획, 인사, 재무, 감독 등 제반 관리 활동에서 발생하는 비용을 말한다.

  3. '모금비용'은 모금 홍보, 모금 행사, 기부자 리스트 관리, 모금 고지서 발송 등의 모금 활동에서 발생하는 비용을 말한다.

④ 사업수행비용은 세부사업별로 추가 구분한 정보를 운영성과표 본문에 표시하거나 주석으로 기재할 수 있다.

⑤ 사업수행비용, 일반관리비용, 모금비용에 대해서는 각각 다음 각호와 같이 분배비용, 인력비용, 시설비용, 기타비용으로 구분하여 분석한 정보를 운영성과표 본문에 표시하거나 주석으로 기재한다. 다만, 공익법인이 필요하다고 판단하는 경우에는 더 세분화된 정보를 운영성과표 본문에 표시하거나 주석으로 기재할 수 있다.

  1. '분배비용'은 공익법인이 수혜자 또는 수혜단체에 직접 지급하는 비용으로 장학금, 지원금 등을 포함한다.

  2. '인력비용'은 공익법인에 고용된 인력과 관련된 비용으로서 급여, 상여금, 퇴직급여, 복리후생비, 교육훈련비 등을 포함한다.

  3. '시설비용'은 공익법인의 운영에 사용되는 토지, 건물, 구축물, 차량 운반구 등 시설과 관련된 비용으로서 감가상각비, 지급임차료, 시설보험료, 시설유지관리비 등을 포함한다.

  4. '기타비용'은 분배비용, 인력비용, 시설비용 외의 비용으로서 여비교통비, 소모품

비, 지급수수료, 용역비, 업무추진비, 회의비, 대손상각비 등을 포함한다. 이 경우 각 공익법인의 특성에 따라 금액이 중요한 기타비용 항목은 별도로 구분하여 운영성과표 본문에 표시하거나 주석으로 기재한다.

⑥ 기타사업비용을 인력비용, 시설비용, 기타비용으로 구분하여 분석한 정보는 운영성과표 본문에 표시하거나 주석으로 기재하여야 하며, 그 외 공익법인이 필요하다고 판단하는 구분정보에 대해서는 운영성과표 본문에 표시하거나 주석으로 기재할 수 있다.

제28조(사업외수익)

사업외수익은 사업수익이 아닌 수익 또는 차익으로서 유형·무형자산처분이익, 유형·무형자산손상차손환입, 전기오류수정이익 등으로 한다.

제29조(사업외비용)

사업외비용은 사업비용이 아닌 비용 또는 차손으로서 유형·무형자산처분손실, 유형·무형자산손상차손, 유형자산재평가손실, 기타의 대손상각비, 전기오류수정손실 등으로 한다.

제30조(공통수익 및 비용의 배분)

어떤 수익과 비용항목이 복수의 활동에 관련되는 경우에는 해당 수익과 비용의 성격에 따라 투입한 업무시간, 관련 시설면적, 사용빈도 등 합리적인 배분기준에 따라 활동 간에 배분하며, 그 배분기준은 일관되게 적용하여야 한다.

제31조(고유목적사업준비금 전입액과 환입액)

① '고유목적사업준비금전입액'이란 공익법인이 법인세법에 따라 수익사업부문에서 발생한 소득 중 일부를 고유목적사업부문이나 지정기부금에 지출하기 위하여 적립한 금액을 말한다. 이에 상응하여 동일한 금액을 부채에 '고유목적사업준비금'이라는

과목으로 인식한다.

② '고유목적사업준비금환입액'이란 고유목적사업준비금이 법인세법에 따라 수익사업부문에서 고유목적사업부문에 전출되어 목적사업에 사용되었거나 미사용되어 임의 환입된 금액을 말한다.

③ 제1항과 제2항의 내용은 고유목적사업준비금을 부채로 인식하는 경우에 한하여 적용한다.

제32조(법인세비용)

공익법인이 법인세를 부담하는 경우에는 일반기업회계기준 제22장 '법인세회계'와 제31장 '중소기업 회계처리 특례'의 법인세 회계처리를 고려하여 회계정책을 개발하여 회계처리한다.

제4장 자산·부채의 평가

제33조(자산의 평가기준)

① 자산은 최초에 취득원가로 인식한다.

② 교환, 현물출자, 증여, 그 밖에 무상으로 취득한 자산은 공정가치를 취득원가로 한다.

③ 이 기준에서 별도로 정하는 경우를 제외하고는, 자산의 진부화 및 시장가치의 급격한 하락 등으로 인하여 자산의 회수가능액이 장부금액에 중요하게 미달되는 경우에는 장부금액을 회수가능액으로 조정하고 그 차액을 손상차손으로 처리한다. 이 경우 회수가능액은 다음 제1호와 제2호 중 큰 금액으로 한다.

   1. 순공정가치: 합리적인 판단력과 거래 의사가 있는 독립된 당사자 사이의 거래에서 자산의 매각으로부터 수취할 수 있는 금액에서 처분부대원가를 차감한 금액

   2. 사용가치: 자산에서 창출될 것으로 기대되는 미래 현금흐름의 현재가치

④ 과거 회계연도에 인식한 손상차손이 더 이상 존재하지 않거나 감소하였다면 자산의 회수가능액이 장부금액을 초과하는 금액은 손상차손환입으로 인식한다. 다만, 손상차손환입으로 증가된 장부금액은 과거에 손상차손을 인식하기 전 장부금액의 감가상각 또는 상각 후 잔액을 초과할 수 없다.

제34조(미수금, 매출채권 등의 평가)

① 원금이나 이자 등의 일부 또는 전부를 회수하지 못할 가능성이 있는 미수금, 매출채권 등은 합리적이고 객관적인 기준에 따라 대손추산액을 산출하여 대손충당금으로 설정하고, 기존 대손충당금 잔액과의 차이는 대손상각비로 인식한다.

② 미수금, 매출채권 등의 원금이나 이자 등의 일부 또는 전부를 회수할 수 없게 된 경우, 대손충당금과 상계하고, 대손충당금이 부족한 경우에는 그 부족액을 대손상각비로 인식한다.

③ 미수금과 매출채권에 대한 대손상각비는 사업비용(공익목적사업비용이나 기타사업비용 중 관련이 되는 것)의 대손상각비로, 그 밖의 채권에 대한 대손상각비는 사업외비용의

기타의대손상각비로 구분한다.

제35조(유형자산과 무형자산의 평가)

① 유형자산과 무형자산의 취득원가는 구입가격 또는 제작원가와 자산을 가동하기 위하여 필요한 장소와 상태에 이르게 하는 데 직접 관련되는 원가를 포함한 금액을 말한다.

② 최초 인식 후에 유형자산과 무형자산의 장부금액은 다음 각호에 따라 결정한다.

   1. 유형자산: 취득원가(자본적 지출을 포함한다. 이하 이 조에서 같다)에서 감가상각누계액과 손상차손누계액을 차감한 금액

   2. 무형자산: 취득원가에서 상각누계액과 손상차손누계액을 차감한 금액

③ 취득원가에서 잔존가치를 차감하여 결정되는 유형자산의 감가상각대상금액과 무형자산의 상각대상금액은 해당 자산을 사용할 수 있는 때부터 내용연수에 걸쳐 배분하여 상각한다.

④ 유형자산과 무형자산의 내용연수는 자산의 예상 사용기간이나 생산량 등을 고려하여 합리적으로 결정한다.

⑤ 유형자산의 감가상각방법과 무형자산의 상각방법은 다음 각호에서 자산의 경제적효익이 소멸되는 형태를 반영한 합리적인 방법을 선택하여 소멸형태가 변하지 않는 한 매기 계속 적용한다.

   1. 정액법

   2. 정률법

   3. 연수합계법

   4. 생산량비례법

⑥ 전시·교육·연구 등의 목적으로 보유 중인 예술작품 및 유물과 같은 역사적 가치가 있는 유형자산은 일반적으로 시간이 경과하더라도 가치가 감소하지 않으므로 감가상각을 적용하지 아니한다.

제36조(유형자산의 재평가)

① 최초 인식 후에 공정가치를 신뢰성 있게 측정할 수 있는 유형자산은 재평가를 할 수 있다. 이 경우 재평가일의 공정가치에서 이후의 감가상각누계액과 손상차손누계액을 차감한 재평가금액을 장부금액으로 한다.

② 유형자산을 재평가할 때, 재평가 시점의 총장부금액에서 기존의 감가상각누계액을 제거하여 자산의 순장부금액이 재평가금액이 되도록 수정한다.

③ 유형자산의 장부금액이 재평가로 인하여 증가된 경우에 그 증가액은 순자산조정으로 인식한다. 그러나 동일한 유형자산에 대하여 이전에 운영성과표에 사업외비용으로 인식한 재평가감소액이 있다면 그 금액을 한도로 재평가증가액만큼 운영성과표에 사업외수익으로 인식한다.

④ 유형자산의 장부금액이 재평가로 인하여 감소된 경우에 그 감소액은 운영성과표에 사업외비용으로 인식한다. 그러나 그 유형자산의 재평가로 인해 인식한 순자산조정의 잔액이 있다면 그 금액을 한도로 재평가감소액을 순자산조정에서 차감한다.

제37조(유가증권의 평가)

① 유가증권은 취득한 후 만기보유증권, 단기매매증권, 그리고 매도가능증권 중의 하나로 분류한다.

② 유가증권의 평가는 일반기업회계기준에 따른다. 다만, 매도가능증권에 대한 미실현 보유손익은 순자산조정으로 인식하고 당해 유가증권에 대한 순자산조정은 그 유가증권을 처분하거나 손상차손을 인식하는 시점에 일괄하여 당기손익에 반영한다.

제38조(퇴직급여충당부채의 평가)

① 퇴직급여충당부채는 회계연도 말 현재 모든 임직원이 일시에 퇴직할 경우 지급하여야 할 퇴직금에 상당하는 금액으로 한다.

② 확정기여형퇴직연금제도를 설정한 경우에는 퇴직급여충당부채 및 관련 퇴직연금운용자산을 인식하지 않는다. 다만 해당 회계기간에 대하여 공익법인이 납부하여야

할 부담금을 퇴직급여(비용)로 인식하고, 미납부액이 있는 경우 미지급비용(부채)으로 인식한다.

③ 확정급여형퇴직연금제도와 관련하여 별도로 운용되는 자산은 하나로 통합하여 '퇴직연금운용자산'으로 표시하고, 퇴직급여충당부채에서 차감하는 형식으로 표시한다. 퇴직연금운용자산의 구성내역은 주석으로 기재한다

제39조(공통자산·부채의 배분)

어떤 자산 또는 부채 항목이 복수의 활동에 관련되는 경우에는 관련 시설면적, 사용빈도 등 합리적인 배분기준에 따라 활동 간에 배분하고, 그 배분기준은 일관되게 적용하여야 한다.

제5장 주석

제40조(주석의 정의)

'주석'이란 재무제표 본문(재무상태표, 운영성과표를 말한다)의 전반적인 이해를 돕는 일반사항에 관한 정보, 재무제표 본문에 표시된 항목을 구체적으로 설명하거나 세분화하는 정보, 재무제표 본문에 표시할 수 없는 회계사건 및 그 밖의 사항으로 재무제표에 중요한 영향을 미치거나 재무제표의 이해를 위하여 필요하다고 판단되는 정보를 추가하여 기재하는 것을 말한다.

제41조(필수적 주석기재사항)

공익법인은 이 기준의 다른 조항에서 주석으로 기재할 것을 요구하거나 허용하는 사항 외에 다음 각호의 사항을 주석으로 기재한다.

1. 공익법인의 개황 및 주요사업 내용
2. 공익법인이 채택한 회계정책(자산·부채의 평가기준 및 수익과 비용의 인식기준을 포함한다)
3. 사용이 제한된 현금 및 현금성 자산의 내용
4. 차입금 등 현금 등으로 상환하여야 하는 부채의 주요 내용
5. 현물기부의 내용
6. 제공한 담보·보증의 주요 내용
7. 특수관계인(상속세 및 증여세법 제2조 제10호의 정의에 따른다)과의 중요한 거래의 내용
8. 총자산 또는 사업수익금액의 10% 이상에 해당하는 거래에 대한 거래처명, 거래금액, 계정과목 등 거래 내역
9. 회계연도 말 현재 진행 중인 소송 사건의 내용, 소송금액, 진행 상황 등
10. 회계정책, 회계추정의 변경 및 오류수정에 관한 사항
11. 기본순자산의 취득원가와 공정가치를 비교하는 정보에 관한 사항
12. 순자산의 변동에 관한 사항
13. 유형자산 재평가차액의 누적금액

14. 유가증권의 취득원가와 재무제표 본문에 표시된 공정가치를 비교하는 정보

15. 그 밖에 일반기업회계기준에 따라 주석기재가 요구되는 사항 중 공익법인에 관련성이 있고 그 성격이나 금액이 중요한 사항

제42조(선택적 주석기재사항)

이 기준과 일반기업회계기준에서 요구하는 주석기재사항 외에도 재무제표의 유용성을 제고하고 공정한 표시를 위하여 필요한 정보는 재무제표 작성자의 판단과 책임하에서 자발적으로 주석을 기재할 수 있다. 예를 들어, 공익법인이 내부관리목적으로 복수의 구분된 단위로 회계를 하는 경우 회계단위별로 작성된 재무제표의 전부 또는 일부를 주석으로 기재할 수 있다.

제43조(주석기재방법)

주석기재는 재무제표 이용자의 이해와 편의를 도모하기 위하여 다음 각호에 따라 체계적으로 작성한다.

1. 재무제표상의 개별항목에 대한 주석 정보는 해당 개별항목에 기호를 붙이고 별지에 동일한 기호를 표시하여 그 내용을 설명한다.

2. 하나의 주석이 재무제표상 둘 이상의 개별항목과 관련된 경우에는 해당 개별항목 모두에 주석의 기호를 표시한다.

3. 하나의 주석에 포함된 정보가 다른 주석과 관련된 경우에도 해당되는 주석 모두에 관련된 주석의 기호를 표시한다.

부칙

제1조(시행일)

이 기준은 2018년 1월 1일부터 시행한다

제2조(일반적 적용례)

이 기준은 이 기준 시행 이후 개시하는 회계연도부터 적용한다.

제3조(재무제표 작성 적용례)

이 기준이 최초 적용되는 재무제표에 대하여는 제9조에 따른 비교재무제표를 작성하지 아니할 수 있다.

제4조(재무제표 작성 경과규정)

이 기준은 공익법인이 원하는 경우 이 기준 시행 이전에 개시하는 회계연도에 적용할 수 있다.

제5조(소규모 공익법인의 한시적 단식부기 등 적용특례)

이 기준 시행 이후 최초로 개시하는 회계연도의 직전 회계연도 종료일의 총자산가액의 합계액이 20억 원 이하인 공익법인과 이 기준 시행일부터 2018년 12월 31일까지의 기간 중에 신설되는 공익법인은 이 기준 시행 이후 최초로 개시하는 회계연도와 그다음 회계연도에는 단식부기를 적용할 수 있으며, 제41조의 필수적 주석기재사항의 기재를 생략할 수 있다.

[별지 제1호 서식]

재무상태표

제×기 20××년 ×월 ×일 현재

제×기 20××년 ×월 ×일 현재

공익법인명 (단위 : 원)

과목	당기			전기		
	통합	공익목적사업	기타사업	통합	공익목적사업	기타사업
자산						
유동자산	×××	×××	×××	×××	×××	×××
현금및현금성 자산	×××	×××	×××	×××	×××	×××
단기투자자산	×××	×××	×××	×××	×××	×××
매출채권	×××	×××	×××	×××	×××	×××
(-) 대손충당금	(×××)	(×××)	(×××)	(×××)	(×××)	(×××)
선급비용	×××	×××	×××	×××	×××	×××
미수수익	×××	×××	×××	×××	×××	×××
미수금	×××	×××	×××	×××	×××	×××
(-) 대손충당금	(×××)	(×××)	(×××)	(×××)	(×××)	(×××)
선급금	×××	×××	×××	×××	×××	×××
재고자산	×××	×××	×××	×××	×××	×××
……	×××	×××	×××	×××	×××	×××
비유동자산	×××	×××	×××	×××	×××	×××

과목	당기			전기		
	통합	공익목적 사업	기타사업	통합	공익목적 사업	기타사업
투자자산	×××	×××	×××	×××	×××	×××
장기성예적금	×××	×××	×××	×××	×××	×××
장기투자증권	×××	×××	×××	×××	×××	×××
장기대여금	×××	×××	×××	×××	×××	×××
……	×××	×××	×××	×××	×××	×××
유형자산	×××	×××	×××	×××	×××	×××
토지	×××	×××	×××	×××	×××	×××
건물	×××	×××	×××	×××	×××	×××
(-) 감가상각누계액	(×××)	(×××)	(×××)	(×××)	(×××)	(×××)
구축물	×××	×××	×××	×××	×××	×××
(-) 감가상각누계액	(×××)	(×××)	(×××)	(×××)	(×××)	(×××)
기계장치	×××	×××	×××	×××	×××	×××
(-) 감가상각누계액	(×××)	(×××)	(×××)	(×××)	(×××)	(×××)
차량 운반구	×××	×××	×××	×××	×××	×××
(-) 감가상각누계액	(×××)	(×××)	(×××)	(×××)	(×××)	(×××)
건설 중인 자산	(×××)	(×××)	(×××)	(×××)	(×××)	(×××)
……	×××	×××	×××	×××	×××	×××
무형자산	×××	×××	×××	×××	×××	×××
지식재산권	×××	×××	×××	×××	×××	×××
개발비	×××	×××	×××	×××	×××	×××
컴퓨터소프트웨어	×××	×××	×××	×××	×××	×××
광업권	×××	×××	×××	×××	×××	×××
임차권리금	×××	×××	×××	×××	×××	×××
……	×××	×××	×××	×××	×××	×××

과목	당기			전기		
	통합	공익목적 사업	기타사업	통합	공익목적 사업	기타사업
기타비유동자산	×××	×××	×××	×××	×××	×××
임차보증금	×××	×××	×××	×××	×××	×××
장기선급비용	×××	×××	×××	×××	×××	×××
장기미수금	×××	×××	×××	×××	×××	×××
……	×××	×××	×××	×××	×××	×××
자 산 총 계	×××	×××	×××	×××	×××	×××
부채						
유동부채	×××	×××	×××	×××	×××	×××
단기차입금	×××	×××	×××	×××	×××	×××
매입채무	×××	×××	×××	×××	×××	×××
미지급비용	×××	×××	×××	×××	×××	×××
미지급금	×××	×××	×××	×××	×××	×××
선수금	×××	×××	×××	×××	×××	×××
선수수익	×××	×××	×××	×××	×××	×××
예수금	×××	×××	×××	×××	×××	×××
유동성장기부채	×××	×××	×××	×××	×××	×××
……	×××	×××	×××	×××	×××	×××
비유동부채	×××	×××	×××	×××	×××	×××
장기차입금	×××	×××	×××	×××	×××	×××
임대보증금	×××	×××	×××	×××	×××	×××
퇴직급여충당부채	×××	×××	×××	×××	×××	×××
(-) 퇴직연금운용자산	(×××)	(×××)	(×××)	(×××)	(×××)	(×××)
……	×××	×××	×××	×××	×××	×××
고유목적사업준비금	×××	×××	×××	×××	×××	×××
부채 총계	×××	×××	×××	×××	×××	×××

과목	당기			전기		
	통합	공익목적 사업	기타사업	통합	공익목적 사업	기타사업
순자산[1]						
기본순자산	×××	×××	×××	×××	×××	×××
보통순자산	×××	×××	×××	×××	×××	×××
적립금	×××	×××	×××	×××	×××	×××
잉여금	×××	×××	×××	×××	×××	×××
순자산조정	×××	×××	×××	×××	×××	×××
순자산 총계	×××	×××	×××	×××	×××	×××
부채 및 순자산 총계	×××	×××	×××	×××	×××	×××

운영성과표

제×기 20××년 ×월 ×일부터 20××년 ×월 ×일까지

제×기 20××년 ×월 ×일부터 20××년 ×월 ×일까지

공익법인명 (단위: 원)

과목	당기			전기		
	통합	공익목적사업	기타사업	통합	공익목적사업	기타사업
사업수익	×××	×××	×××	×××	×××	×××
기부금 수익	×××	×××	–	×××	×××	–
보조금 수익	×××	×××	–	×××	×××	–
회비 수익	×××	×××	–	×××	×××	–
투자자산수익	×××	×××	–	×××	×××	–
매출액	×××	×××	–	×××	×××	–
……	×××	×××	–	×××	×××	–
사업비용[*2]	×××	×××	×××[*3]	×××	×××	×××[*3]
사업수행비용	×××	×××	–	×××	×××	–
○○사업수행비용	×××	×××	–	×××	×××	–
△△사업수행비용	×××	×××	–	×××	×××	–
……	×××	×××	–	×××	×××	–
일반관리비용	×××	×××	–	×××	×××	–
모금비용	×××	×××	–	×××	×××	–
……	×××	–	×××	×××	–	×××
사업이익(손실)	×××	×××	×××	×××	×××	×××

과목	당기			전기		
	통합	공익목적사업	기타사업	통합	공익목적사업	기타사업
사업외수익	×××	×××	×××	×××	×××	×××
유형자산손상차손환입	×××	×××	×××	×××	×××	×××
유형자산처분이익	×××	×××	×××	×××	×××	×××
무형자산손상차손환입	×××	×××	×××	×××	×××	×××
무형자산처분이익	×××	×××	×××	×××	×××	×××
전기오류수정이익	×××	×××	×××	×××	×××	×××
……	×××	×××	×××	×××	×××	×××
사업외비용	×××	×××	×××	×××	×××	×××
기타의 대손상각비	×××	×××	×××	×××	×××	×××
유형자산손상차손	×××	×××	×××	×××	×××	×××
유형자산처분손실	×××	×××	×××	×××	×××	×××
유형자산재평가손실[4]	×××	×××	×××	×××	×××	×××
무형자산손상차손	×××	×××	×××	×××	×××	×××
무형자산처분손실	×××	×××	×××	×××	×××	×××
전기오류수정손실	×××	×××	×××	×××	×××	×××
……	×××	×××	×××	×××	×××	×××
고유목적사업준비금전입액	×××	×××	×××	×××	×××	×××
고유목적사업준비금환입액	×××	×××	×××	×××	×××	×××
법인세비용차감전 당기운영이익(손실)	×××	×××	×××	×××	×××	×××
법인세비용	×××	×××	×××	×××	×××	×××
당기운영이익(손실)	×××	×××	×××	×××	×××	×××

*1: 순자산의 변동에 관한 사항은 아래와 같이 주석으로 기재한다.

과목	통합				공익목적사업부문				기타사업부문			
	기본순자산	보통순자산 적립금	보통순자산 잉여금	순자산조정	기본순자산	보통순자산 적립금	보통순자산 잉여금	순자산조정	기본순자산	보통순자산 적립금	보통순자산 잉여금	순자산조정
전기초	×××	×××	×××	×××	×××	×××	×××	×××	×××	×××	×××	×××
회계정책변경누적효과	(×××)	(×××)	(×××)	(×××)	(×××)	(×××)	(×××)	(×××)	(×××)	(×××)	(×××)	(×××)
전기오류수정	(×××)	(×××)	(×××)	(×××)	(×××)	(×××)	(×××)	(×××)	(×××)	(×××)	(×××)	(×××)
수정후 순자산	×××	×××	×××	×××	×××	×××	×××	×××	×××	×××	×××	×××
기본순자산증감	×××		(×××)		×××		(×××)		×××		(×××)	
당기운영이익(손실)			×××				×××				×××	
매도가능증권평가이익				×××				×××				×××
유형자산재평가이익				×××				×××				×××
적립금 전입		×××	(×××)			×××	(×××)			×××	(×××)	
……	×××	×××	×××	×××	×××	×××	×××	×××	×××	×××	×××	×××
전기말	×××	×××	×××	×××	×××	×××	×××	×××	×××	×××	×××	×××
당기초	×××	×××	×××	×××	×××	×××	×××	×××	×××	×××	×××	×××
회계정책변경누적효과	(×××)	(×××)	(×××)	(×××)	(×××)	(×××)	(×××)	(×××)	(×××)	(×××)	(×××)	(×××)
전기오류수정	(×××)	(×××)	(×××)	(×××)	(×××)	(×××)	(×××)	(×××)	(×××)	(×××)	(×××)	(×××)
수정후 순자산	×××	×××	×××	×××	×××	×××	×××	×××	×××	×××	×××	×××
기본순자산증감	×××		(×××)		×××		(×××)		×××		(×××)	
당기운영이익(손실)			×××				×××				×××	
매도가능증권평가이익				×××				×××				×××
유형자산재평가이익				×××				×××				×××
적립금 전입		×××	(×××)			×××	(×××)			×××	(×××)	
……	×××	×××	×××	×××	×××	×××	×××	×××	×××	×××	×××	×××
당기말	×××	×××	×××	×××	×××	×××	×××	×××	×××	×××	×××	×××

*2: 사업비용의 기능별 구분과 성격별 구분에 관한 정보를 아래와 같이 주석으로 기재한다.

주석기재 예시

- 주석 YY. 사업비용의 성격별 구분
- 운영성과표에는 사업비용이 기능별로 구분되어 표시되어 있습니다. 이를 다시 성격별로 구분한 내용은 다음과 같습니다.

	분배비용	인력비용	시설비용	기타비용	합계
공익목적사업비용	xxx	xxx	xxx	xxx	xxx
사업수행비용	xxx	xxx	xxx	xxx	xxx
일반관리비용	-	xxx	xxx	xxx	xxx
모금비용	-	xxx	xxx	xxx	xxx
기타사업비용	-	xxx	xxx	xxx	xxx
합계	-	xxx	xxx	xxx	xxx

■ 분배비용이 없는 공익법인은 해당 계정을 삭제할 수 있다.

또는 공익법인이 선택에 따라 위 정보를 운영성과표 본문에 다음과 같이 직접 표시할 수도 있다.

Ⅰ. 공익목적사업비용	(xxx)
1. 사업수행비용	(xxx)
분배비용	(xxx)
인력비용	(xxx)
시설비용	(xxx)
기타비용	(xxx)

2. 일반관리비용	(xxx)
인력비용	(xxx)
시설비용	(xxx)
기타비용	(xxx)
3. 모금비용	**(xxx)**
인력비용	(xxx)
시설비용	(xxx)
기타비용	(xxx)
II. 기타사업비용	**(xxx)**
인력비용	(xxx)
시설비용	(xxx)
기타비용	(xxx)

*3: 공익법인 회계기준 제27조 제6항에 따라 기타사업비용을 더 상세하게 구분한 정보를 주석으로 기재할 수 있다. 예를 들어, 기타사업비용을 매출원가와 판매관리비로 구분하여 주석으로 기재할 수 있다.

*4: 유형자산재평가손실은 사업외비용으로 표시한다.

비영리법인 업무편람

※ 행정자치부

머리말

최근 들어 사회 전반에 걸쳐 시민단체의 활동과 역량이 두드러지게 나타나면서, 이들 단체에 대한 국민들의 관심과 참여가 급격히 증가하고 있습니다.

이에 따라 많은 시민단체가 스스로의 활동에 대한 사회적 책임을 높이고 운영의 투명성을 강화하기 위해 법인으로 전환하려는 경향을 보이고 있습니다.

그러나, 이러한 변화에도 불구하고 아직도 일부 공무원들은 비영리법인의 설립절차나 감독요령에 대한 이해 부족으로 업무를 기피하거나 소극적으로 대하여 민원인에게 불편을 주는 사례가 있습니다.

이러한 원인은 대다수 지방공무원이 법인 업무를 다룰 기회가 적었고 감독 기능이 각 부처에 분실되어 있어 책임 있는 지도나 교육, 정보제공이 부족했기 때문이라고 봅니다.

이러한 문제점을 개선하기 위해 이번에 지방자치단체에 눈높이를 맞춘 『비영리법인 업무편람』을 발간하게 되었습니다.

이 편람은 지방공무원들에게 비영리법인의 개념에 대한 이론적 토대를 제공하고 법인의 설립방법과 허가절차, 감독요령 등을 정확히 알고 업무를 처리할 수 있도록 하는 데 목적을 두고 제작하였습니다.

다만, 비영리법인의 종류나 근거법이 다양하고 「민법」에 의해 설립된 법인이라고 하더라도 학술, 종교, 자선 등 분야에 따라 설립목적과 운영방식이 다르고, 소관 부처에 따라 허가와 감독기준 등에 차이가 있어 이를 일률적으로 설명하기는 어렵습니다.

이에 따라 이 편람은 행정자치부 소관 비영리법인 중 최근 사회적인 관심이 높아지고 있는 시민운동단체를 중심으로 지방자치단체에서 관심을 가져야 하거나 다뤄야 할 업무를 위주로 소개하였습니다.

　비영리법인에 대해 처음 시도하는 노력인 만큼 다소 미흡한 점도 있을 것입니다만, 내실 있는 업무편람이 될 수 있도록 여러분들의 의견을 귀담아듣고 보완해 나가겠습니다.

　계속적인 관심과 지도편달을 바랍니다.

행정자치부 자치행정국장

일러두기

1. 이 편람은 비영리법인 제도에 대한 정확한 이해와 정보제공, 업무절차를 알리기 위해 제작한 것으로 주무관청의 재량에 속하는 부분은 허가권자가 자율적으로 판단하여 적용하시기 바랍니다.
2. 이 편람은 행정자치부 소관 업무 중 시민운동을 목적으로 설립된 단체를 기준으로 작성하였기 때문에 타 부처 소관 업무나 연구·학술단체 등과 같이 설립목적이나 근거 법률, 활동방식이 다른 단체에 대해 적용하는 데에는 부적절한 부분이 있을 수 있습니다.
3. 이 편람에서 외부자료를 인용하는 경우에는 가급적 자료의 출처를 명시하고, 해석상 다른 견해가 있는 경우에는 함께 소개하였습니다.
4. 이 편람에서 인용한 법령은 가급적 원문으로 표기하였으나 불가피한 경우 다음과 같은 약어를 사용하였습니다.

◎ 「공익법인의 설립·운영에 관한 법률」: 「공익법」 또는 「공익법인설립법」
◎ 「공익법인의 설립·운영에 관한 법률 시행령」: 「공익법 시행령」 또는 「공익법인설립법 시행령」
◎ 「행정자치부및경찰청소관비영리법인의설립및감독에관한규칙」: 「비영리법인감독규칙」 또는 「행자부규칙」

제1장 법인의 일반이론

1. 법인의 개념

법인이란 자연인 이외의 것으로서 법률에 의해 권리능력이 부여된 법적 주체를 말한다.

현행 「민법」은 법인에 대하여도 정관으로 정한 목적의 범위 내에서 자연인과 유사한 권리능력, 행위능력 및 불법행위능력을 부여하고 있으며, 법인의 능력에 관한 규정은 강행규정으로서 정관이나 약정에 의해 회피될 수 없다.[31]

이러한 법인은 자연인이 생존 기간 동안 권리와 의무의 주체가 되는 것과는 달리 법률의 규정과 등기에 의하여 성립되며(「민법」 제31조, 제33조) 청산등기를 마침으로써 종식된다.

2. 법인의 종류

가. 구성요소에 의한 구분

1) 사단법인

사단법인은 일정한 목적을 위하여 결합한 사람의 집단에 대해 법인격을 부여한 것으로 재산을 본체로 하는 재단법인과 다르다.

사단법인은 사람의 집단이기 때문에 구성요소인 사원이 필요하며 최고의사결정도 사원총회의 자주적 결정에 의해 이루어진다.

---

31 『민법총칙』, p. 216, 이은영 지음, 박영사, 2009.

이러한 사단법인은 통상 근본규범인 정관을 작성하여 주무관청의 허가를 받아 주된 사무소 소재지에 등기를 마침으로써 성립되지만, 회사와 같은 영리법인의 경우에는 주무관청의 허가절차가 없이 법이 정한 설립요건을 갖춰 등기를 마침으로써 성립되기도 한다.

2) 재단법인

재단법인은 일정한 목적을 위하여 모은 재산이나 출연한 재산을 개인의 권리에 귀속시키지 않고 별개의 실체로 운영하기 위해 재산을 구성요소로 성립된 법인격체를 말하며, 이런 점에서 사단법인과 다르다.

특히, 재단법인은 재산출연자의 의사를 존중하기 위한 취지에서 설립목적을 비롯한 정관변경에 많은 제약을 두고 있다(「민법」 제46조).

다만, 재산이 의사를 표시할 수 없으므로 법인을 대표하여 이사가 법률행위를 하지만 인적 단체가 아니므로 사단법인과 같은 사원총회(또는 주주총회)가 없으며 영리를 목적으로 한 법인의 설립도 허용되지 않는다(「민법」 제32조, 제39조 제1항).

나. 설립근거에 의한 구분

1) 민법법인

민법법인은 「민법」 제32조의 규정에 따라 설립된 사단법인과 재단법인을 의미하며, 통상 '비영리법인'으로 통칭되는 시민운동단체의 대부분이 이에 해당된다.

이러한 민법법인은 「민법」과 각 부처의 규칙[32]이 정하는 바에 따라 설립허가와 감독이 이루어진다.

2) 공익법인

통상 공익(公益)법인이라고 하면 광의의 비영리(非營利)법인으로서 공익활동을 주된 목

---

[32] 행정자치부는 「행정자치부및경찰청소관비영리법인의설립및감독에관한규칙」을 제정·시행하고 있다.

적으로 설립된 단체를 총칭하지만 여기서는 「공익법인의 설립·운영에 관한 법률」[33]에 근거하여 설립된 법인을 뜻한다.

「공익법인설립법」 제2조는 '공익법인'을 '재단법인 또는 사단법인으로서 사회 일반의 이익에 공여하기 위하여 학자금·장학금 또는 연구비의 보조나 지급, 학술, 자선에 관한 사업을 목적으로 하는 법인'으로 정의하고 있다.

3) 특수법인

비영리법인 중에서 「민법」 제32조의 규정에 의하지 않고 각종 개별법에 근거하여 설립된 법인을 통칭하며 학교법인, 사회복지법인, 의료법인, 각종 조합 및 연합회 등이 이에 해당된다.

다. 영리성(營利性)에 의한 구분

1) 영리법인

영리법인은 비영리법인과 달리 경제적 이익을 목적으로 설립되고 이익의 극대화를 위해 노력하며 그 과실을 구성원이나 사원 개개인에게 배분하는 것을 기본원리로 한다.

영리법인은 모두 사단법인체로 상법상의 회사인 합명회사·합자회사·주식회사·유한회사 등이 해당되며, 영리를 목적으로 한 재단법인의 설립은 허용되지 않는다(「민법」 제39조).

2) 비영리법인

「민법」 제32조는 '비영리법인'을 '학술, 종교, 자선, 기예, 사교 기타 영리 아닌 사업을 목적으로 하는 사단법인 또는 재단법인'으로 규정하고 있다.[34]

---

33 「공익법인설립법」 제1조는 이 법이 '법인의 설립·운영에 관한 「민법」의 규정을 보완'하는 데 목적이 있다고 규정하고 있어 광의로 보면 공익법인 전체가 「민법」 제32조에 규정된 비영리법인에 포함된다.

34 일본 「민법」 제34조는 '제사, 종교, 자선, 학술, 기예 기타 공익을 목적으로 하는 사단법인 또는 재단법인'에 대하여 '공익법인'이라는 용어를 사용하고 있다.

따라서, 비영리법인은 원칙적으로 구성원의 경제적 이익을 목적으로 하거나 수익사업,[35] 공익을 저해하는 사업에 참여할 수 없다.

다만 비영리법인이라고 해서 반드시 불특정 다수인을 위한 공익활동에 적극적으로 참여해야 하는 것은 아니며 공익을 저해하지 않는 정도면 족한 것으로 해석하고 있다.

<법인의 종류>[36]

---

35 비영리법인이 설립목적 달성을 위해 본질에 반하지 않는 범위 내에서 회원을 상대로 하는 영리 행위는 가능하다.

36 이 도표는 편람의 내용을 이해하기 쉽도록 정리한 것으로 비영리법인의 구분은 보는 관점에 따라 다양한 형태로 분류될 수 있다.

3. 비영리법인의 개념과 특성

가. 비영리법인의 개념

실정법에서 영리(營利)법인과 비영리(非營利)법인을 구분하는 이유는 법인의 목적이 영리에 있는가 또는 비영리에 있는가를 판단하는 데 근본 목적이 있으며, 비영리법인은 영리를 목적으로 하는 상법상의 법인과 대별되는 개념으로 비영리를 목적으로 「민법」, 「공익법인설립법」 또는 각종의 특별법에 의해 설립된 법인을 통칭한다.

나. 비영리법인의 특징

비영리법인은 영리를 목적으로 하지 않으므로 법인이나 구성원을 위해 의도적이거나 계획적으로 이윤을 추구하지 않으며 사적 소유에 속하는 지분이 없다.

따라서, 영리법인과 달리 원가회수를 위한 노력을 필요로 하지 않은 일방적인 소비활동을 하게 되며 공공성과 사회성을 조직 활동의 기본으로 삼는다.

다. 비영리법인과 유사개념

1) 공익법인(공익법인설립법)

「공익법인설립법」 제2조는 '재단법인 또는 사단법인으로서 사회 일반의 이익에 공여하기 위한 학자금·장학금 또는 연구비의 보조나 지급, 학술, 자선에 관한 사업을 목적으로 하는 법인'을 '공익법인'으로 규정하고 있다.

따라서, 「민법」 제32조에 규정된 비영리법인에 해당된다고 하더라도 '학자금·장학금 또는 연구비의 보조나 지급, 학술, 자선에 관한 사업' 등 공익사업을 하고자 하는 경우에는 동 법에 따라 공익법인의 설립을 허가받아야 한다.

2) 비영리내국법인(법인세법)

법인세법 제1조는 비영리법인을 내국법인(內國法人)과 외국법인(外國法人)으로 구분하면서 비영리내국법인을 다음과 같이 정의하고 있다. 여기서 유의할 것은 법인세법의 경우 법인격이 없는 사단이나 재단 기타 단체에 대하여도 비영리법인이라는 용어를 사용하고 있다는 점이다.

비영리 내국법인

◎ 「민법」 제32조의 규정에 의해 설립된 법인

◎ 사립학교법 기타 특별법에 의하여 설립된 법인으로서 「민법」 제32조에 규정된 목적과 유사한 목적을 가진 법인

◎ 국세기본법 제13조 제4항의 규정에 의한 법인으로 보는 법인격이 없는 단체

---

3) 비영리민간단체(비영리민간단체지원법)

비영리민간단체지원법 제2조는 '비영리민간단체'를 '영리가 아닌 공익활동을 수행하는 것을 주된 목적으로 하는 민간단체로서 다음 각호의 요건을 갖춘 단체'로 정의하고 있다.

따라서 이 법에서 규정하고 있는 '비영리민간단체'란 「민법」에 규정된 '비영리법인'과는 개념상 큰 차이가 있으며, 법인 여부에 불문하고 적극적인 공익활동을 수행할 것을 요건으로 하고 있다.[37]

비영리민간단체의 요건

◎ 사업의 직접 수혜자가 불특정 다수일 것

◎ 구성원 상호 간에 이익분배를 하지 아니할 것

◎ 사실상 특정정당 또는 선출직 후보를 지지·지원할 것을 주된 목적으로 하거나 특정 종교의 교리 전파를 주된 목적으로 하여 설립·운영되지 아니할 것

◎ 상시 구성원 수가 100인 이상일 것

◎ 최근 1년 이상 공익활동실적이 있을 것

◎ 법인이 아닌 단체일 경우에는 대표자 또는 관리인이 있을 것

---

37 '98.3.19.에 제정된 일본의 「특정비영리활동촉진법」(통상 'NPO법'으로 호칭)은 비영리활동의 개념, 등록요건 등에 있어 「비영리민간단체지원법」과 유사한 점이 많으나 우리나라와는 달리 주무관청의 설립인증 단체에 대하여 법인격을 부여하는 것을 주요 내용으로 하고 있다.

4) 공익법인(상속세및증여세법)

「상속세 및 증여세법 시행령」 제12조는 '공익법인'을 다음과 같이 규정하고 공익법인에 대하여는 일정한 요건 하에 과세를 면제토록 하고 있다.

이 법에서 규정하고 있는 '공익법인'은 적극적으로 공익을 구현하는 것을 목적으로 하는 법인으로 공익을 저해하지 않는 정도로 족한 비영리법인과는 차이가 있다.

상속세및증여세법상 공익법인

◎ 종교의 보급 기타 교화에 현저히 기여하는 기업

◎ 초·중등교육법 및 고등교육법에 의한 학교를 설립·경영하는 사업

◎ 사회복지사업법의 규정에 의한 사회복지법인이 운영하는 사업

◎ 의료법 또는 정신보건법의 규정에 의한 의료법인 또는 정신의료법인이 운영하는 사업

◎ 「공익법인의설립·운영에관한법률」의 적용을 받는 공익법인이 운영하는 사업

◎ 예술 및 문화에 현저히 기여하는 사업 중 영리를 목적으로 하지 아니하는 사업으로서 관계행정 기관의 장의 추천을 받아 재정경제부 장관이 지정하는 사업

◎ 공중위생 및 환경보호에 현저히 기여하는 기업으로서 영리를 목적으로 하지 아니하는 사업

◎ 공원, 기타 공중이 무료로 이용하는 시설을 운영하는 사업 등

5) 특별법상의 비영리법인

비영리법인은 「민법」 제32조의 규정 이외에도 각종의 특별법에 의하여 설립될 수 있다.

이렇게 특별법에 의해 설립된 비영리법인으로는 사립학교법에 의한 학교법인, 의료법에 의한 의료법인, 사회복지사업법에 의한 사회복지법인, 새마을금고법에 의한 새마을금고와 연합회, 농업협동조합법에 의한 농업협동조합 등 다양한 종류와 형태가 있다.

6) 기타 유사개념

가) 공공법인

정부조직법상에 근거하지 않고 각각의 지원법 또는 육성법 등에 의해 설립된 법인으로서 활동내용에 공익성이 강한 정부투자기관, 공단, 기금, 사업단, 감독원, 정부투자기

관이나 공사, 정부출연 연구기관 등이 여기에 해당된다.

나) 사회단체

사회단체는 과거 「사회단체의신고에관한법률」에 따라 비영리를 목적으로 하는 단체 중에서 법령에 의해 허가·인가·등록되지 않은 구호단체, 학술단체, 종교단체 및 근로 단체를 지칭하는 용어로 사용되었으나 1997. 3. 7 동 법률의 폐지로 사문화되었다.

다만, 사회단체라는 말이 그동안 비영리성 단체를 지칭하는 용어로 넓게 사용된 관계로 지금도 많은 사람이 사용하고 있으며 일부 법령에서 사용된 사례를 볼 수 있다.[38]

다) 국민운동단체

국민운동단체는 1960~70년대 정부주도로 농촌개발, 지역개발운동을 추진하면서 새마을운동, 4-H운동 등 건전 계몽운동단체를 통칭하는 용어로 폭넓게 사용되어 왔으나 입법적으로 정립된 용어는 아니다. 다만, 현행 「공직선거및선거부정방지법」[39]에서 바르게살기운동협의회, 새마을운동협의회, 한국자유총연맹을 국민운동단체로 예시하고 있다.

라) 법인격이 없는 사단

인적 단체로서 실체를 갖추고 있으나 주무관청의 법인허가를 받지 않은 단체를 지칭하는 의미로 사용되고 있으나 「민법」이 허가주의를 채택하고 있기 때문에 허가를 받지 못한 경우도 있지만, 설립자가 행정관청의 지도나 감독 등 법적 규제를 받는 것을 원하지 않아 허가를 신청하지 않아 법인격을 갖지 못한 경우도 있다.

---

38 「기부금품모집규제법」 제2조는 기부금품을 정의하면서 법인, 정당, 종친회, 친목단체와 더불어 '사회단체'라는 용어를 사용하고 있다.

39 「공직선거및선거부정방지법」 제60조 제1항 제8호, 제86조 제1항, 제103조 제1항.

제2장 비영리법인의 설립

우리나라는 법인설립에 있어 허가주의를 취하고 있어 비영리법인 또는 공익법인을 설립하고자 하는 경우에는 관계법에 따라 주무관청의 허가를 받아야 한다.

그러나 법인의 목적사업이 「공익법인설립법」에서 규정하고 있는 공익활동에 속하느냐 그렇지 않으냐에 따라 「민법」과 「공익법인설립법」으로 근거법이 달라지며, 허가절차와 주무관청의 감독내용에 있어서도 상당한 차이가 발생한다.

따라서, 제2장에서는 대부분 시민단체의 법인설립 근거인 「민법」 제32조의 규정에 의한 '비영리법인'과 「공익법인설립법」 제4조의 규정에 의한 '공익법인'을 구분하여 각각에 대한 설립절차와 허가기준을 설명하였다.[40]

<비영리법인과 공익법인의 차이점>

구분	비영리법인	공익법인
설립 근거	■「민법」 ■「행정자치부 규칙」	■「민법」 ■「공익법인의 설립·운영에 관한 법률 시행령」
종류	■ 사단법인, 재단법인	■ 사단법인, 재단법인
목적 사업	■ 영리가 아닌 사업(반드시 공익을 필요로 하는 것은 아님)	■ 학자금·장학금·연구비 보조·지급, 학술, 자선 등 사회 일반을 위한 공익 사업

---

[40] 이 편람에서는 주무관청의 감독규칙이 「민법」의 규정에 의한 비영리법인에 대하여만 적용되는 것으로 해석하여 설명하였으나 「공익법인의 설립 및 운영에 관한 법률」에 의한 공익법인에 대하여도 함께 적용된다는 견해도 있다.

구분	비영리법인	공익법인
허가 기준	■ 사업의 실현가능성과 능력 ■ 재정적 기초 확립 여부 ■ 타 법인과 같은 명칭 금지	■ 사업의 구체성, 실현 가능성 ■ 재정의 안정성 ■ 공익의 적극적 유지·증진 가능성
감독 사항	■ 사업계획, 수지예산·결산서 제출 ■ 필요 시 사무·재산상황 검사 및 자료 제출 요구 등	■ 임원 취임 및 재산변경, 수익사업 승인 ■ 장기차입 사전 허가 ■ 사업계획, 예산·결산서 제출 ■ 상근직원 정수 승인 등
지원 사항	※ 법령에 예외를 둔 경우를 제외하고 특별한 지원사항 없음	■ 수익사업 허용 ■ 기부금 법인세·소득세 감면 ■ 출연자의 상속세, 증여세 면제 ■ 법인이 공급하는 재화·용역의 부가가치세 면제 등

1. 비영리법인

가. 근거법규

「민법」에 의한 비영리법인은 「민법」 제3장의 규정과 각 중앙행정기관에서 제정·시행 중인 「비영리법인의설립및감독에관한규칙」에 설립허가와 감독 근거를 두고 있다.

다만, 각 부처의 규칙이 업무의 특성에 따라 허가기준과 절차 등에 차이를 두고 있어 이 편람에서는 「행정자치부및경찰청소관비영리법인의설립및감독에관한규칙」을 기준으로 하되 지방자치단체에서 함께 적용해야 하는 다른 부처의 규칙도 참고로 소개했다.

나. 허가권자

「민법」 제32조는 비영리법인의 허가권자를 주무관청으로 규정하고 있어 문리적(文理的)으로 해석하면 법인의 활동목적과 관련이 있는 행정기관은 모두 허가권자가 된다고 생각할 수 있으나, 「민법」의 주무부처인 법무부가 「민법」 제32조의 주무관청은 중앙행정기관만을 지칭한다'고 해석하고 있어 지방자치단체는 중앙행정기관의 권한위임이 없으면 법인설립을 허가할 수 없다.

주무관청의 범위

◎ 「민법」 제32조에 의하여 법인설립을 허가할 수 있는 주무관청은 각 중앙행정관청만을 지칭하며,

◎ 시·도지사와 같은 지방행정관청은 법률의 위임이 없이는 법인의 설립을 허가할 수 없음.

– 법무부 제1498호(62. 4. 25) –

이에 따라 각 부처에서는 「행정권한의위임및위탁에관한규정」에 근거하여 비영리법인에 관한 업무의 일부를 시·도지사 등에게 위임하고 있으며 그 범위 내에서 특별시장, 광역시장 및 도지사가 법인설립을 허가하거나 업무를 감독하고 있다.

현재 행정자치부 장관이 법인의 설립 및 감독에 관하여 시·도지사에게 위임한 사무는 '「민법」 제32조에 의한 비영리법인으로서 활동 범위가 하나의 시·도에 한정된 경우'로 행정자치부 외에도 문화관광부, 보건복지부 등이 같은 방식으로 법인사무의 일부를 시·도지사에게 위임하고 있다.

따라서, 지방자치단체에서 비영리법인의 설립을 허가하는 경우에는 동 업무의 중앙행정기관이 어디인지, 이와 관련한 법인의 허가·감독권이 시·도지사에게 위임되어 있는지를 먼저 확인해야 한다[법인 관련 권한의 시·도 위임(예시) 표 참고].

왜냐하면, 부처에 따라 시·도지사에게 위임되지 않은 경우가 있고 위임되었다고 하더라도 위임내용이 부처에 따라 많은 차이가 있기 때문이다.

<법인 관련 권한의 시·도 위임(예시)>[41]

부처별	위임사항
행정자치부 (제24조 제3항)	13. 「민법」 제32조의 규정에 의하여 설립하였거나 설립하고자 하는 법인 중 다음 각목의 1에 해당하는 법인에 대한 권한 가. 시·도가 출·연하지 아니한 법인 중 행정자치부 장관이 허가관청이 되고 활동범위가 하나의 시·도에 한정되는 법인의 허가 및 그 취소와 지도·감독 나. 시·도가 출연한 법인 중 활동범위가 하나의 시·도에 한정된 법인의 지도·감독
문화관광부 (제28조 제2항)	7. 「민법」 제32조의 규정에 의해 문화관광부 장관의 허가를 받아 설립된 서원의 기본재산 취득 및 처분인가 8. 「민법」 제32조의 규정에 의하여 문화관광부 장관의 허가를 받아 설립된 서원의 임원의 취임·해임 인가 9. 문화예술 및 관광 관계 비영리법인의 설립허가·취소, 해산신고의 수리 기타 지도·감독에 관한 권한(법인의 활동범위가 2 이하의 시·도의 관할구역 안에 국한되는 경우에 한함) 10. 다음 각목의 법인을 제외한 체육관계 비영리법인의 설립허가·취소, 해산신고의 수리 기타 지도 감독에 관한 권한. 다만, 활동범위가 3 이상의 시·도에 걸치는 법인의 설립허가·취소, 해산신고의 수리와 법인의 목적·명칭·사무소의 소재지(시·도를 달리하는 경우에 한한다)에 관한 정관변경 허가, 전국규모 체육대회 또는 국제대회 개최와 국제교류사업의 승인을 제외한다. ※ 제외하는 법인명칭 생략(가~처) 11. 다음의 법인을 제외한 청소년관계 비영리법인의 설립허가·취소, 해산신고의 수리 기타 지도·감독에 관한 권한. 다만, 활동범위가 3 이상의 시·도에 걸치는 법인의 설립허가·취소, 해산신고의 수리와 법인의 목적·명칭·사무소의 소재지(시·도를 달리하는 경우에 한함)에 관한 정관변경 허가를 제외한다 ※ 제외하는 법인명칭 생략(가~카)
농림부 (제29조 제1항)	8. 농림부 장관의 주관에 속하는 사업을 목적으로 하는 「민법」 제32조의 규정에 의한 비영리법인의 설립허가·취소, 해산신고의 수리 기타 지도·감독에 관한 권한. 다만, 법인의 활동범위가 당해 시·도의 관할구역에 국한되는 경우에 한한다.

---

41 「행정권한의위임및위탁에관한규정」 중에서 지방자치단체와 관련이 있는 부처의 위임내용을 정리한 것임.

산업자원부 (제32조 제1항)	2. 산업단지(「산업입지및개발에관한법률」 제6조의 규정에 의한 국가산업단지를 제외한다)의 입주기업체 협의회에 대한 다음 각목의 사항 가. 「민법」 제32조의 규정에 의한 비영리법인의 설립허가 나. 「민법」 제37조의 규정에 의한 검사·감독 다. 「민법」 제38조의 규정에 의한 설립허가의 취소 라. 「민법」 제42조의 규정에 의한 정관변경의 허가 마. 「민법」 제80조의 규정에 의한 잔여재산처분의 허가 바. 「민법」 제86조의 규정에 의한 해산신고의 수리 사. 「민법」 제94조의 규정에 의한 청산종결등기신고의 수리
보건복지부 (제34조 제5항)	9. 「민법」 제32조에 의한 사단법인 중 사회복지사업을 목적으로 하는 사단법인의 설립허가·취소, 해산신고의 수리 기타 지도·감독. 다만, 그 법인의 활동범위가 당해 시·도의 관할구역 안에 속하는 경우에 한한다. 10. 「민법」 제32조의 규정에 의한 재단법인 중 묘지조성, 화장장 및 납골당 설치 또는 나환자 정착사업을 목적으로 하는 재단법인의 설립허가·취소, 해산신고의 수리 기타 지도·감독 10의 2. 「민법」 제32조에 의한 각종 의료관계 비영리법인의 설립허가·취소, 해산신고의 수리 기타 지도·감독. 다만, 그 법인의 활동범위가 당해 시·도의 관할구역 안에 속하는 경우에 한한다.
건설교통부 (제38조 제3항)	3. 건설교통부 장관의 소관에 속하는 사업을 목적으로 하는 비영리법인의 설립허가·취소, 해산신고의 수리 기타 지도·감독에 관한 권한. 다만, 법인의 활동범위가 당해 시·도의 관할구역 안에 국한되는 경우에 한한다.

다. 설립절차

「민법」에 의한 비영리법인을 설립하는 경우에는 허가신청에 앞서 요건구비를 위한 일련의 절차를 거쳐야 하는데 일반적으로 ① 발기인 구성, ② 창립총회 개최, ③ 설립취지문 및 정관 채택, ④ 이사장 및 임원 선출, ⑤ 사업계획서 및 예산서 작성 순서로 진행되며, 재단법인의 경우에는 법인의 성립요건인 재산출연이 전제되어야 한다.

라. 신청서류

법인설립을 위한 준비가 끝나면 「비영리법인감독규칙」이 정한 바에 따라 설립허가신청서를 허가권자에게 제출하는데 서류의 목록은 다음과 같다.

1) 설립허가신청서

법인설립 허가신청서는 「비영리법인감독규칙」에 규정된 〈별지 제1호 서식〉에 따라 작성·제출한다.

서식 중 신청인 난에는 설립하고자 하는 법인의 대표자나 실무책임자(예를 들어 사무처장 등)를 기재하고 신청인의 서명은 사인(Sign)이나 날인도 가능하며 날인의 경우 반드시 인감증명서를 첨부할 필요는 없다.

법인 난에는 설립하고자 하는 법인의 명칭과 소재지 등을 기록하며, 소재지는 주소와 건물명, 호수 등을 구체적으로 기록하되 설립등기를 감안하여 정관에 기재된 사무소 소재지와 일치되도록 하고[42] 대표자는 창립총회(또는 발기인 총회)에서 선임된 대표자의 인적사항을 기재한다.

2) 설립발기인의 주소·약력

설립발기인의 성명, 주민등록번호, 주소와 약력을 간략히 소개하되, 약력은 가급적 법인의 목적사업과 관련된 것을 중심으로 3~4개 정도를 적고 전·현직 여부를 표시한다.

다만, 이미 설립된 법인이 다른 법인을 설립하고자 신청하는 경우에는 법인 명칭, 주된 사무소의 소재지, 대표자의 성명·주민등록번호·주소를 기재한 서류와 법인의 정관을 함께 제출한다.

3) 정관

법인의 기본규범인 정관은 「민법」 제40조의 규정에 따라 ① 법인의 목적, ② 명칭, ③ 사무소의 소재지, ④ 자산에 관한 규정, ⑤ 이사의 임면에 관한 규정, ⑥ 사원자격의 득실에 관한 규정, ⑦ 존립시기나 해산시기를 정하는 때에는 그 시기 등을 구체적으로 정하여 단체의 특성에 맞게 조문화한다.

특히 재단법인은 설립자의 의사가 존중될 수 있도록 법인의 목적, 명칭, 자산에 관한

---

[42] 정관의 법인 소재지는 '서울특별시에 둔다.' 정도로 족하며 동, 번지까지 구체적으로 기재할 필요는 없다.

사항 등을 규정한 정관에 설립자가 기명·날인하여(「민법」 제43조) 법인이 출연자의 설립 목적과 다르게 운영되는 일이 없도록 해야 한다.

현재 대부분의 부처가 법인의 정관을 작성하는 데 편리하도록 「비영리법인감독규칙」 에서 사단법인과 재단법인의 정관준칙을 제시하고 있으므로 특별한 경우가 아니라면 준칙을 활용하여 조문화하는 것이 좋다.

정관 작성이 끝나면 발기인 총회의 의결을 거쳐 제출한다.

4) 재산목록 및 입증서류

재산목록은 기본재산과 보통재산으로 구분하되 금융기관에 예치되어 있는 경우에는 이를 증명하는 서류를 원본으로 제출하며, 재산을 출연한 경우에는 출연 의사를 나타 내는 증빙서와 출연재산 목록, 인감증명서를 함께 제출한다.

만약 기본재산이 타 용도의 재산과 함께 예치되어 있는 때에는 별도의 구좌로 분리하 도록 하여 회계상 구분·관리되도록 한다.

5) 사업계획서 및 수지예산서

법인의 설립목적과 정관에 따른 사업내용을 판단할 수 있도록 당해 연도분의 사업계 획서와 수지예산서를 제출하며, 법인허가 신청시기가 하반기인 경우에는 익년도의 사업 계획서 및 수지예산서도 함께 제출한다.

특히, 사업계획서와 수지예산서는 사업의 목적범위 내에서 실현 가능한 사업을 구체 적으로 기재하며, 사업계획과 예산내역서는 상호 연계되도록 한다.

6) 임원취임예정자 인적사항, 취임승낙서

임원취임예정자의 인적사항은 설립발기인의 약력 작성의 예에 따라 작성하고, 취임승 낙서는 취임예정 직위를 명시하여 본인이 서명(또는 날인)토록 한다.

<u>7) 창립총회 회의록</u>

창립총회 회의록은 법인설립이 적법한 절차를 거쳐 성립되었느냐를 판단하는 중요한 기준이 되므로 육하원칙에 따라 회의 일시와 장소, 참석대상 및 참석인원(또는 참석자 명단), 의결권의 위임여부, 회의안건, 진행자 등이 누락되지 않도록 한다.

특히 회의진행과 관련하여 정관 심의과정 및 임원선출의 표결사항, 찬·반 토론내용 상세히 등을 기재하고 회의록 작성이 끝나면 참석한 발기인들이 기록내용을 확인하고 연명으로 날인하여야 한다.[43]

이러한 법인설립허가 허가신청서류는 부처에 따라 다소 차이가 있는데 지방자치단체와 관련이 있는 부처를 위주로 예를 들어보면 다음 표와 같다.

<비영리법인 허가신청시 제출서류>[44]

제출서류	행정 자치부	문화 관광부	농림부	보건 복지부	환경부	건설 교통부
1. 설립취지서	×	○	○	×	×	×
2. 발기인 명부, 약력	○	×	×	○	○	○
3. 정관	○	○	○	○	○	○
4. 재산목록, 증빙서	○	○	○	○	○	○
5. 사업계획서, 수지계산서	○	○	○	○	○	○
6. 임원이력서, 취임승낙서	○	○	○	○	○	○
7. 창립총회 회의록	○	○	○	○	○	○
8. 사원명부	×	○	○	×	×	×

---

43 발기인이 다수인 경우에는 대표자를 선임하여 확인·날인토록 할 수 있다.

44 각 부처「비영리법인감독규칙」에서 발췌·정리한 것으로 표현방식, 제출수량, 부속서류 등에 다소 차이가 있다.

마. 설립허가

<u>1) 허가권의 재량성</u>

현행법상 비영리법인 설립은 허가주의를 채택하고 있어 법인의 설립을 허가할 것인지에 대한 판단은 허가권자의 재량에 속한다고 할 수 있다.

그러나, 최근 들어 시민단체의 활동이 크게 증가하고 정부도 시민운동의 활성화를 위하여 다양한 지원대책을 강구하고 있음을 감안할 때, 시민단체가 법인설립을 통해 사회적인 책임을 제고하고 운영의 투명성을 높이려는 것은 바람직한 현상으로 법령이 정한 허가요건에 부합되는 경우라면 가급적 긍정적인 입장에서 업무를 처리하는 것이 좋을 것으로 본다.

비영리법인 설립허가에 대한 주무관청의 재량정도(판례)

◎ 비영리법인의 설립에 관하여 허가주의를 채용하고 있으며, 현행 법령상 비영리법인의 설립허가에 관한 구체적인 기준이 정하여져 있지 아니하므로, 비영리법인의 설립허가를 할 것인지 여부는 주무관청의 정책적 판단에 따른 재량에 맡겨져 있다.

◎ 따라서, 주무관청의 법인설립 불허가 처분에 사실의 기초를 결여하였다든지 또는 사회 관념상 타당성을 잃었다는 등의 사유가 있지 아니하고, 주무관청이 그와 같은 결론에 이르게 된 판단과정에 일응의 합리성이 있음을 부정할 수 없을 경우에는, 다른 특별한 사정이 없는 한 그 불허가처분에 재량권을 일탈, 남용한 위법이 있다고 할 수 없다.

- 대법원 95누 18437('96.9.10) -

<u>2) 허가기준</u>

비영리법인의 허가기준은 「민법」에서 직접 규정한 기준과 각 부처가 「민법」을 보완하기 위해 규칙으로 정한 기준으로 나누어 볼 수 있다.

먼저 「민법」에서 정한 기준은 '① 학술, 종교, 자선, 기예, 기타 영리 아닌 사업을 목적으로 할 것'과 '② 공익을 해하지 않는 사업을 할 것'으로 크게 구분된다.

법인설립신청서를 검토하면서 신청단체의 설립목적이나 사업이 「민법」에서 정하고 있는 '학술, 종교, 자선, 기예 또는 기타 영리 아닌 사업'의 범주에 포함되느냐를 두고 갈등을 빚는 사례가 있으나, 가급적 법인의 설립목적과 사업내용은 구체적으로 정하도록 하더라도 비영리성에 대한 판단은 폭넓게 해석·운용하는 것이 바람직하다.

특히 '영리 아닌 사업'에 대하여는 '적극적으로 공익을 추구해야 하는 것은 아니며, 공익을 해하지 않은 정도로도 족하다'고 본다는 점을 유념할 필요가 있다.

다만, 허가권자가 유의할 점은 적극적으로 공익을 추구하지 않거나 회원 참여가 개방되지 않은 단체일수록 사익(私益)을 추구할 가능성이 크다는 점이다.

<비영리법인 허가기준>

구분		허가기준
「민법」	목적기준 (제32조)	■ 학술, 종교, 자선, 기예, 사교 기타 영리 아닌 사업을 목적으로 할 것
「비영리 법인감독 규칙」	허가기준 (제4조)	■ 법인 목적과 사업이 실현 가능할 것 ■ 목적하는 사업을 수행할 수 있는 충분한 능력이 있고, 재정적 기초가 확립되어 있거나 확립될 수 있을 것 ■ 다른 법인과 동일한 명칭이 아닐 것

이러한 법률요건이 충족되면 「비영리법인감독규칙」 제4조에 규정된 허가기준에 따라 적정여부를 검토한다.

가) 사업의 실현 가능성

법인목적과 사업의 실현 가능성은 구성원 경력과 현재의 사회활동 내용, 목적사업의 전문성 정도, 소요비용과 예산규모 등을 감안하여 판단한다.

특히 다른 법령에 따라 허가를 받아야 하거나 제3자의 권리를 침해할 소지가 있는 경우, 사업의 목적이 지나치게 포괄적이거나 막연하여 무엇을 하겠다는 것이 불분명한 경우, 대다수 구성원의 경력과 활동내용이 목적사업과 무관하거나, 회비납부 여부가 불투명하고 구체성이 없는 경우 등은 내용을 보완토록 하여 검토하거나 허가를 배제한다.

나) 재정적 기초의 확립

법인이 건전하게 유지·운영되기 위해서는 무엇보다도 재정적 기반을 확립하는 일이 중요하다.

사단법인은 대부분 회비나 임원의 출연금, 기부금 등이 재정의 기초가 되므로 기본재산 규모와 조성방법, 수입규모, 주요 세원, 수입의 안정성·지속성, 개인별 부담 정도 및 회비납부율 등이 판단기준이 될 것이며, 재단법인은 출연한 재산의 과실금으로 목적사업을 이행할 수 있느냐를 기준으로 검토한다.

특히, 일부 단체들이 정부나 지방자치단체의 출연금, 보조금 등을 주된 수입원으로 상정하는 경우가 있으나 법적 근거가 없고 지원 여부가 불투명한 만큼 재원검토시 수입에서 제외하고 심사하는 것이 바람직하다.

법인의 기본재산 규모는 행정자치부는 물론 대부분의 부처가 기준액을 정하고 있지 않으므로 법인의 설립목적과 사업범위, 사업내용, 지역의 특성 등을 고려하여 허가권자가 판단해야 할 것이다.[45]

3) 동일명칭의 사용제한

'법인의 명칭이 동일해서는 안된다'는 것은 법인이 권리·의무의 주체라는 점에서 당연하다.

따라서, 허가권자는 동일한 명칭은 물론 혼란을 줄 수 있는 유사명칭의 허가를 제한하되, 행정자치부나 다른 시·도에 같은 명칭을 사용하는 단체가 있는지를 확인하고 처리하는 것이 좋다.

다만, 중앙조직이 따로 있는 단체나 연합체인 경우에는 동일한 명칭을 사용할 수 있겠으나 이러한 경우에도 가급적 지역이름을 법인명칭에 포함토록 하여 중앙조직과 구별할 수 있도록 한다.

---

[45] 재단법의 경우에는 단체의 사업계획서를 근거로 연간지출비용을 먼저 산정한 후 이를 근거로 재정의 안정성을 판단하는 것이 좋다.

바. 허가증 교부

법인설립신청서를 접수한 주무관청은 신청서를 받은 날로부터 20일 이내에 허가 여부를 결정하고 그 결과를 신청인에게 통지해야 하며, 법인설립을 허가한 때에는 「행자부규칙」 〈별지 제2호서식〉에 의한 허가증을 교부한다.

이때 법인등기에 활용할 수 있도록 허가권자의 직인으로 간인한 정관과 임원명부를 함께 교부하는데 임원명부에는 임원의 직위와 성명, 주민등록번호, 주소 등을 기재한다.

사. 설립등기 및 보고

설립허가를 받은 법인은 허가일로부터 3주 이내에 주된 사무소 소재지를 관할하는 등기소에 법인설립을 등기해야 한다.

「민법」 제49조는 ① 법인의 목적 ② 명칭 ③ 사무소 ④ 설립허가일 ⑤ 존립시기나 해산사유에 관한 사항 ⑥ 자산의 총액 ⑦ 출자의 방법에 관한 사항 ⑧ 이사의 성명, 주소 ⑨ 이사의 대표권에 대한 제한내용을 등기하도록 규정하고 있다.

등기를 마친 법인은 「행자부규칙」 제5조 제2항의 규정에 따라 등기한 날로부터 10일 이내에 등기부등본 1부를 허가권자에게 제출해야 한다.

2. 공익법인

가. 근거법규

이 장에서 설명하는 '공익법인'이라 함은 「공익법인의 설립·운영에 관한 법률」 제4조 제1항에 근거하여 설립된 사단법인과 재단법인을 말하며, 「민법」과 이 법의 규정에 따라 주무관청으로부터 설립허가와 지도·감독을 받게 된다.

나. 허가권자

공익법인의 허가권자도 「민법」에 의한 비영리법인과 마찬가지로 중앙행정기관이 주무관청이 된다.

다만, 행정자자부 소관 비영리법인의 경우 「행정권한의위임및위탁에관한규정」 제24조 제3항 제13호의 규정에 따라 「민법」 제32조에 의하여 설립하고자 하는 법인 중 활동범위가 하나의 특별시·광역시·도에 한정되는 경우 시·도지사에게 허가 및 감독권을 위임하고 있으나, 「민법」에 대한 특별법 지위에 있는 「공익법인설립법」에 관하여는 달리 위임규정이 없으므로 행정자치부 소관 공익법인은 행정자치부 장관만이 설립허가 및 지도·감독할 수 있다고 본다.

비영리법인과 마찬가지로 공익법인도 시·도지사에 대한 허가·감독권에 위임이 소관부처마다 차이를 보이고 있어[46] 지방자치단체에 법인설립허가를 신청하는 경우 동 사항에 대한 허가권이 있는지 여부를 먼저 검토하는 것이 좋다.

참고로 공익법인은 비영리법인과 달리 법인의 사업이 2개 기관 이상의 주무관청에 속하는 경우 그 주된 사업을 주관하는 주무관청에 법인설립허가를 신청하도록 규정하고 있어(「공익법 시행령」 제4조 제2항) 목적사업에 타 부처 소관이 포함되어 있음을 이유로 신청을 거부할 수 없으며[47] 주된 목적사업의 주무관청에서 종된 목적사업의 주무관청과 협의하여 처리해야 한다(「공익법 시행령」 제5조 제2항).

다. 설립절차

공익법인의 설립절차도 비영리법인과 유사하다. 다만, 공익법인은 비영리법인과는 달리 사업의 목적이나 활동, 임원의 취임 등에 대한 규제가 엄격하여 이에 대한 충분한 검토가 선행되어야 한다.

법인설립 시 정관에 기재해야 할 사항은 「공익법인설립법」 제3조에 구체적으로 규정하고 있으며, 시행령 제3조에서도 ① 사업에 관한 사항 ② 사단법인의 경우에는 사원 및 사원총회에 관한 사항 ③ 기타 공익법인의 운영에 관한 기본적인 사항을 구체적이고

---

[46] 교육부 장관은 「행정권한의위임및위탁에관한규정」 제26조 제1항 제3호에 근거하여 공익법인의 설립허가 및 지도·감독권에 관한 권한을 교육감에게 위임하고 있다.

[47] 「민법」 제32조에 의한 비영리법인은 목적사업이 2개 이상 부처에 혼재된 경우에 대한 별도의 규정이 없어 각각의 주무관청으로부터 허가를 받아야 하는 것으로 해석된다(실질적으로는 주무관청이 목적사업의 내용과 대상, 범위 및 민원인의 편의 등을 감안하여 판단).

명확하게 정하도록 보완적으로 요구하고 있다.

공익법인의 정관에 기재할 사항

① 법인의 목적

② 명칭

③ 사무소의 소재지

④ 설립당시 자산의 종류·상태 및 평가가격

⑤ 자산의 관리방법과 회계에 관한 사항

⑥ 이사 및 감사의 정수·임기 및 그 임면에 관한 사항

⑦ 이사의 의결권 행사 및 대표권에 관한 사항

⑧ 정관의 변경에 관한 사항

⑨ 공고 및 그 방법에 관한 사항

⑩ 존립시기와 사유, 해산시 잔여재산의 처리방법

⑪ 업무감사 및 회계검사에 관한 사항

라. 제출서류

공익법인을 설립하고자 하는 때에는 법인설립신청서만을 제출하는 비영리법인과 달리 임원의 취임, 상근 직원의 정수와 관련한 서류를 함께 제출하여 법인허가와 함께 승인을 받아야 하며, 구체적으로 설명하면 다음과 같다.

<u>1) 법인설립 허가신청</u>

법인설립허가 신청서류는 시행령 제4조에 다음과 같이 규정되어 있으나 비영리법인의 신청서류와 별다른 차이는 없다. 다만, 비영리법인의 경우는 「행자부규칙」으로 신청 서식을 규정하고 있으나 공익법인의 경우에는 달리 규정된 서식이 없으므로 비영리법인의 신청 서식을 원용해서 제출할 수도 있고 제출서류를 첨부하여 일반문서로 제출할 수도 있다.

> **공익법인 허가신청서류**
>
> ① 설립발기인의 주소·성명·약력을 기재한 서류 1부
>
> ② 설립취지서 1부
>
> ③ 정관 1부
>
> ④ 재단법인의 경우에는 출연재산의 종류·수량·금액 및 권리관계를 명확하게 기재한 재산목록(기본 재산과 보통재산을 구분하여 기재), 사단법인의 경우에는 회비징수예정명세서 또는 기부신청서 1부
>
> ⑤ 부동산·예금·유가증권 등 주된 재산에 관한 등기소·금융기관 등의 증명서 1부
>
> ⑥ 사업개시예정일 및 사업개시·이후 그 사업연도분의 사업계획서 및 수지예산서 1부
>
> ⑦ 사단법인의 경우에는 창립총회회의록 및 사원이 될 자의 성명 및 주소를 기재한 사원명부 각 1부

<u>2) 임원취임 승인신청</u>

임원의 취임승인은 임원이 새로 취임하게 된 때에 제출하면 될 것이나 신설되는 법인의 경우에는 등기절차 등 업무의 편의를 위하여 법인허가신청서와 함께 제출하여 승인을 받는데 「공익법 시행령」 제7조에 규정원 제출서류는 다음과 같다.

> **임원취임 승인신청서류**
>
> ① 임원의 선임을 결의한 총회 또는 이사회 회의록 사본 1부
>
> ② 이력서 각 1부
>
> ③ 취임승낙서 각 1부
>
> ④ 민간이 신원진술서 각 4부
>
> ⑤ 호적등본 각 1부
>
> ⑥ 임원 간의 특수관계 부존재 확인서 1부

여기서 민간인 신원진술서와 호적등본은 보안상 필요하다고 인정하는 경우에 신원조회를 위한 자료로 제출하는 것이므로 일반적인 공익법인을 설립하는 경우에는 필요하지 않다.

다만, 호적등본은 법 제5조 제6항에 규정에서 규정하고 있는 임원결격자를 본적지에 조회하기 위해 필요하므로 민원인의 편의를 위하여 제출받지 않을 때에는 임원의 본적

지와 호주를 기재토록 하여 신원조회가 가능하도록 해야 한다.

참고로 이미 설립된 법인이 임원의 연임을 승인 신청하는 경우에는 이미 관련서류가 제출된 상태이므로 변경된 사항이 없는 경우에는 서류를 추가로 받을 필요는 없으며 총회 회의록 사본과 연임에 따른 승낙서로 족하다.

<u>3) 상근직원 정수 승인신청</u>

공익법인은 상근 임직원 정수를 주무관청으로부터 승인받아야 한다(법 제5조 제9항). 따라서 법인설립 신청 시 상근임직원 정수의 승인신청도 함께 제출하며 신청서에 기구 도표와 부문별 또는 개인별 관장업무, 상근직원 정수를 명시한 설명서를 첨부하면 된다(시행령 제14조).

마. 설립허가의 검토

공익법인의 설립을 허가함에 법인의 목적사업이 법 제2조에 규정된 공익사업에 해당하는지와 시행령 제5조에서 규정한 허가기준에 적합한지를 기준으로 판단한다.

<공익법인 허가기준>

구분		허가기준
「민법」	목적기준 (제32조)	■ 학술, 종교, 자선, 기예, 사교 기타 영리 아닌 사업을 목적으로 할 것
「공익법인 설립법」	목적기준 (제2조)	■ 사회 일반의 이익에 공여할 것 ■ 학자금, 장학금 또는 연구비의 보조나 지급, 학술, 자선에 관한 사업을 목적으로 할 것
	허가기준 (제32조)	■ 재단법인은 출연재단의 수입, 사단법인은 회비·기부금 등으로 조성되는 재원의 수입(기본재단)으로 목적사업을 원활히 달성할 수 있다고 인정되는 경우

구분		허가기준
「공익법인 설립법 시행령」	허가기준 (제5조)	■ 목적사업이 구체적이고 실현가능하다고 인정되는 경우 ■ 재단법인에 있어서는 출연재단의 수입, 사단법인에 있어서는 회비·기부금 등으로 조성되는 재원의 수입으로 목적사업을 원활히 달성할 수 있다고 인정되는 경우 ■ 목적사업이 적극적으로 공익을 유지·증진하는 것이라고 인정되는 경우

1) 목적사업에 대한 판단

「공익법인설립법」 제2조는 '공익법인'을 '재단법인 또는 사단법인으로서 사회 일반의 이익에 공여하기 위하여 장학금·학자금 또는 연구비의 보조나 지급, 학술, 자선에 관한 사업을 목적으로 하는 법인'이라고 정의하고 있다.

따라서, 공익법인이 되기 위해서는 ① 먼저 사회 일반의 이익을 위하고 ② 학자금·장학금·연구비의 보조·지급, 학술, 자선에 관한 사업을 주된 목적으로 해야 한다.

이러한 공익사업의 내용은 시행령 제2조에서 구체적으로 설명하고 있는데 그 내용은 다음과 같다.

공익사업의 내용

① 학자금·장학금 기타 명칭에 관계없이 학생 등의 장학을 목적으로 금전을 지급하거나 지원하는 사업·금전에 갈음한 물건·용역 또는 시설을 설치·운영 또는 제공하거나 지원하는 사업

② 연구비·연구조성비·장려금 기타 명칭에 관계없이 학문·과학기술의 연구·조사·개발·보급을 목적으로 금전을 지급하거나 지원하는 사업·금전에 갈음한 물건·용역 또는 시설을 제공하는 사업

③ 학문 또는 과학기술의 연구·조사·개발·보급을 목적으로 하는 사업 및 이들 사업을 지원하는 도서관·박물관·과학관 기타 유사한 시설을 설치·운영하는 사업

④ 불행·재해 기타 사정으로 자활할 수 없는 자를 돕기 위한 자선사업

⑤ 위에 해당하는 사업의 유공자에 대한 시상을 행하는 사업

---

2) 허가기준에 의한 판단

「공익법인설립법」 제4조 및 시행령 제5조는 공익법인의 허가기준을 다음과 같이 세

가지로 규정하고 있다.

가) 목적사업의 구체성, 실현 가능성

법인의 목적사업은 위에서 설명한 공익사업이어야 하며 이를 실현하기 위한 방법이 구체적으로 제시되어 있어야 한다.

목적사업의 구체성과 실현가능성을 판단하기 위한 자료로는 참여자의 경력과 사회활동, 사업의 양과 질에 맞는 인적 구성, 전담인력의 확보, 사업계획의 구체성 및 관련 예산의 안정적·장기적 확보 가능성 등을 종합적으로 검토하여 판단한다.

나) 재정의 안정성

공익법인을 설립하는 경우 재단법인은 출연재산의 수입, 사단법인에 있어서는 회비·기부금 등으로 조성되는 재원의 수입으로 목적사업을 원활히 달성할 수 있다고 인정되는 경우에 법인설정을 허가하도록 제한하고 있다.

따라서, 제출된 사업계획서와 수지예산서를 토대로 검토하되 재단법인은 출연 당시 기본재산과 과실금의 규모에 따라, 사단법인은 기본재산과 회비 또는 기부금 등으로 조성되는 수입액에 따라 판단한다.

다만, 재정적인 부분은 단체의 규모와 사업내용, 지역적 여건 등에 따라 소요예산이 달라지므로 획일적으로 규정할 수 없을 뿐만 아니라 현행 공익법인 관련 법령에서도 이러한 기준은 제시하고 있지 않으므로 허가권자가 주변 상황을 종합적으로 판단하여 결정해야 한다.

참고로 교육부 장관 소관으로 시·도교육감이 설립을 허가하고 있는 공익법인의 기본재산 기준액은 다음과 같다.[48]

---

[48] 교육부 소관 공익법인의 대부분(약 83%)은 장학법인이다.

<기본재산 기준액(교육부)>[49]

시·도별	기준액		시·도별	기준액	
	사단법인	재단법인		사단법인	재단법인
서울	5천만 원	3억 원	강원	없음	없음
부산	1억 원	2억 원	충북	2억 원	2억 원
대구	1억 원	3억 원	충남	2억 원	2억 원
인천	3억 원	3억 원	전북	2천만 원	2억 원
광주	1억 원	2억 원	전남	없음	1억 원
대전	1억 원	3억 원	경북	2억 원	2억 원
울산	1억 원	1억 원	경남	없음	1억 원
경기	5천만 원	2억 원	제주	1억 원	1억 원

또한, 재정의 건전성은 법인의 예산서를 기본으로 하되 운영비와 사업비를 구분하여 검토한다.

운영비는 사무실 유지비와 상근 임직원에 대한 인건비 등 필수적 경비를 감안하고, 사업비는 설립목적 구현을 위한 집행경비를 추산·산출하되, 사단법인의 경우에 있어서는 특정인에게 재정의존율이 높거나 주체나 대상이 불투명한 기부금, 사업수익금에 의존하고 있지 않은가를 검토한다.

다) 목적사업의 공익성

비영리법인은 공익을 저해하지 않는 정도로 족하지만, 공익법인은 적극적으로 공익을 유지·증진시키는 데 기여할 수 있어야 하며, 사업의 내용도 법령에 규정된 공익사업에 속하는 것으로서 적극적인 의사를 가지고 구체적으로 추진할 수 있어야 한다.

---

[49] 교육부(평생학습진흥과), "사단법인 및 재단법인 설립절차", p. 70.

바. 임원 자격 및 상근인원 검토

1) 임원의 자격 제한

법 제5조 제6항은 공익법인의 임원이 될 수 없는 경우를 다음과 같이 규정하고 있다.

따라서 임원취임예정자가 자격제한 요건에 해당되는지를 여부를 확인해야 하는데 그 방법은 「신원조회사무처리지침」(내무부 예규 제756호, '93. 12. 21)에 따라 임원의 본적지 (시·구·읍·면)에 전화를 걸어 신원조회 담당자에게 임원취임의 결격사유가 있는지를 확인하고 그 내용과 송·수신자를 상호 확인·기록하면 된다.

이렇게 하여 결격자가 발견된 때에는 신청인에게 그 사실을 알리고 보완을 요구하거나 재검토하도록 반려한다.

공익법인 임원의 자격제한

① 미성년자

② 금치산자 또는 한정치산자

③ 파산자로서 복권되지 아니한 자

④ 금고 이상의 형을 받고 집행이 종료되거나 집행을 받지 아니하기로 확정된 후 3년이 경과되지 아니한 자

⑤ 임원의 취임승인이 취소된 후 2년이 경과하지 아니한 자[43]

---

2) 특수관계자의 제한

공익법인은 사회 일반의 공익을 위하여 설립·운영되는 만큼 세제 등 다양한 특례를 두고 있으나 이들 법인이 가족들에 의해 폐쇄적으로 운영될 경우 특혜소지와 공익사업의 시행에도 지장을 줄 수 있으므로 법 제5조 제5항에서 특별한 관계에 있는 이사의 수가 전체의 1/5을 초과할 수 없도록 제한하고 시행령 제12조에서 특수관계자의 범위를 구체적으로 정하고 있다.

이러한 특수관계는 제출된 문서로 확인할 수 없으므로 신청인이 「특수관계자 부존재

---

50 임원 개선시 확인할 사항으로 신설법인은 해당되지 않는다.

확인서」를 제출토록 하여 사후에 발견되는 경우 임원 취임을 취소하는 등 보충적인 방법으로 운영한다.

<공익법인의 특수관계자 범위>[51]

출연자	자연인	개인출연자
	영리법인	출자에 의한 사실상 지배자
	비영리법인	출연자
	당해 출연자가 재산을 출연한 다른 공익사업을 영위하는 법인의 이사	
친족	부계	6촌 이내의 부계혈족
		4촌 이내의 부계혈족의 처 (조모, 종조모, 숙모, 형수, 제수 등)
		3촌 이내의 부계혈족의 남편 및 자녀 (매부, 생질, 고모부, 고종사촌 등)
		2촌 이내의 부계혈족과 배우자의 2촌 이내의 부계혈족
	모계	3촌 이내의 모계 혈족과 그 배우자
		혼인 외의 출생자의 생모
	처족	처의 3촌 이내의 부계혈족 및 배우자
		배우자(사실상 혼인관계자 포함)
	입양	입양자의 생가의 직계존속
		출양자 및 그 배우사와 출양지의 양가의 직계비속
사용인	출연자 또는 이사의 사용인 기타 고용관계자	
	출연자 또는 이사가 출자에 의하여 사실상 지배하고 있는 법인의 사용인 기타 고용관계자	
생계의존	출연자 또는 이사의 금전 기타의 재산에 의하여 생계를 유지하는 자	
	출연자 또는 이사와 생계를 함께하는 자	

---

[51] 「공익법인설립법 시행령」 제12조 각항의 규정을 정리한 것임.

<u>3) 상근인원의 검토</u>

임직원의 상근 여부는 기본적으로 신청단체가 판단할 사항이나 주무관청에서는 제출된 기구표와 분담사무를 자료로 업무의 양과 재정적 부담능력을 고려하여 상호 균형이 유지되도록 하는 차원에서 검토한다.

사. 허가증 교부 및 조건부여

법인의 설립 및 임원의 취임승인 등에 대한 검토가 끝나면 허가 여부를 결정하고 이를 신청인에게 통보한다. 이때 허가증은 현행 법령상 달리 서식을 정하고 있지 않으므로 「행자부규칙」의 허가증을 준용하여 교부한다.

이때 비영리법인과 마찬가지로 정관과 임원명단, 재산목록, 상근임·직원의 정수 등 허가·승인사항을 허가절차의 직인으로 간인(間印)하여 함께 교부한다. 만약 허가조건을 부여하는 경우에는 허가공문에 함께 병기할 수 있으나 가급적 허가증의 이면(裏面) 또는 별지에 작성하여 교부한다.

법인허가 시 조건으로 붙일 수 있는 사항은 「공익법 시행령」 제6조에 규정되어 있으나 이를 조건으로 부여하거나 다른 조건을 추가로 부여하는 것 등은 허가권자가 법인의 활동내용이나 규모, 구성원, 지역적 특성 등을 고려하여 결정할 사항이지만 타법에 저촉될 소지가 있거나 과도한 조건을 부여하는 일이 없도록 유의한다.

설립허가 시 붙일 수 있는 조건

① 사단법인의 경우에 회비에 의하여 경비에 충당할 비율과 회비징수방법, 기타 회비징수에 관하여 필요한 사항

② 수혜자의 출생지, 출신학교, 직업, 근무처 기타 사회적 지위나 당해 법인과의 특수관계 등에 의하여 수혜자의 범위를 제한할 수 없다는 뜻

③ 목적사업의 무상성(無償性), 기타 목적사업의 운영에 관한 사항

④ 기타 목적사업의 원활한 달성을 위하여 필요한 사항

아. 설립등기 및 보고

공익법인의 등기에 관한 사항은 비영리법인의 예와 같다. 다만, 「공익법 시행령」 제8조 및 제9조의 규정에 따라 재단법인에 재산을 출연하는 경우에는 3개월 이내에 출연을 증명하는 등기부등본 또는 금융기관의 증명서를 재산이전보고서에 첨부하여 법인설립을 등기한 때에는 등기를 완료한 날로부터 7일 이내에 등기부등본 1부를 첨부하여 주무관청에 제출한다.